本书出版得到国家社会科学基金一般项目"基于非对称信息视角的我国城市信用体系建设驱动关系分析与实现方法研究"（项目号：16BGL211）的资助，也得到中央财经大学学术出版基金2019年度资金资助。

社会信用缺失问题研究
驱动逻辑与治理措施

徐斌　俞静　著

东南大学出版社
SOUTHEAST UNIVERSITY PRESS
·南京·

图书在版编目(CIP)数据

社会信用缺失问题研究：驱动逻辑与治理措施 / 徐斌，俞静著. — 南京：东南大学出版社，2022.12
ISBN 978-7-5766-0296-8

Ⅰ.①社… Ⅱ.①徐… ②俞… Ⅲ.①信用-研究-中国 Ⅳ.①F832.4

中国版本图书馆 CIP 数据核字(2022)第 208740 号

责任编辑：陈　淑　　　　责任校对：子雪莲
封面设计：王　玥　　　　责任印制：周荣虎

社会信用缺失问题研究：驱动逻辑与治理措施

著　　者	徐斌 俞静
出版发行	东南大学出版社
社　　址	南京市四牌楼 2 号(邮编：210096　电话：025-83793330)
经　　销	全国各地新华书店
印　　刷	广东虎彩云印刷有限公司
开　　本	700 mm×1000 mm　1/16
印　　张	11.25
字　　数	202 千字
版　　次	2022 年 12 月第 1 版
印　　次	2022 年 12 月第 1 次印刷
书　　号	ISBN 978-7-5766-0296-8
定　　价	65.00 元

本社图书若有印装质量问题，请直接与营销部调换。电话(传真)：025-83791830

前言

随着市场经济的进程不断发展,社会信用问题变得越发重要,然而在现实生活中社会信用缺失与社会信用的匮乏、社会契约意识的缺乏以及"无法可依、有法不依、执法不严"等现象却不时出现,甚至还有人把社会信用缺失现象作为谋取自己利益的手段,信用缺失、阴谋诡计更是被极少数居心叵测者赋予了一种所谓能力强的含义,从而使我国社会信用缺失现象变得逐步严重起来。如何治理社会信用缺失问题已经引起社会各个部门的广泛关注,行政部门对良好信用行为的大力提倡、行政执法的日益严格、法律体系的不断完备和违约必究执法必严社会舆论的广泛宣传以及社会信用意识的教育引导与普及等,都为我国社会信用体系的建设奠定了坚定的基础。然而,在我国现阶段甚至之后相当长的一段时间之内,社会信用缺失现象依然会困扰着我国每个人,稍不留神就会被信用缺失行为所蒙蔽,其间受到的物质损失与精神损失更是难以度量。但是为何在明知构建社会信用关系到每个人的切身利益情况下,社会信用缺失现象还能够不时出现呢?问题症结以及破解思路究竟在哪里呢?显然,构建和谐的信用社会任重道远,如何构建信用社会直接关系到我国社会的健康发展和长治久安。本书针对这一问题进行分析性探索,在定性研究基础上进行定量分析,通过运用各种研究方法对我国社会信用缺失问题进行深入的分析,从而提出有针对性的解决思路与解决方案。

虽然现有文献对社会信用缺失问题的研究已经很多,但是迄今尚未有研究文献运用定性与定量相结合的研究方法系统地研究社会信用缺失问题,鲜有研究文献结合我国国情进行系统分析,部分研究文献对社会信用缺失问题症结的分析以及所提出的解决方案都缺少针对性,难以有效地解决我国社会信用缺失问题。众所周知,我国正处在社会主义初级阶段,中国特色的举国体制发挥着有目共睹的作用,但是由于历史与社会各种因素交织在一起,我国社会信用缺失问题不可避免地打上了体制烙印,因此研究社会信用缺失问题就难以回避体制因素,正面面对并且勇敢地提出解决方案,反而有助于我国社会主义初级阶段建设。从理论与实践上来说,本书所提出的方案更富有针对性,从而进一步丰富了我国社会主义建设的理论。显然,尽管我国社会信用缺失现象产生的影响因素很多,涉及社会、经济、历史、法律以及传统文化等各个方面,但是中国特色的社会主义社会存在天然的体制性关键因素,体制内机构存在对体制外机构的辐射导向效应,相应地,体制内人员的行为举止对体制外人员存在天然的道德示范效应,因此研究我国社会信用缺失现象中的体制影响因素是不可回避的。唯有深入分析才能够对我国社会信用缺失因素进行深刻的挖掘,也才能够有的放矢地提出更具备针对性的社会信用缺失问题的治理对策。

其次,现有研究文献鲜有对我国社会信用缺失问题的物质因素的分析,大多数研究文献都是基于人的精神层面、社会文化层面以及法治建设层面等进行分析,然而古今中外的历史与现实都说明物质因素是构建社会信用不可或缺的重要因素,社会信用缺失中的影响因素少不了物质因素,因此本书在研究中着重对物质层面的收入分配因素进行详细的理论分析。这就使得本书的研究结论构建在强大的物质分配基础上,从而跳出了同类研究过分强调精神意识方面力量的视野。其实,过分强调精神意识的作用反而容易陷入唯心主义思想体系,也就使得研究结论难以摆脱精神层面的意识形态效应,更难以从物质层面找到深层次的原始因素,这种论调只能够助长唯精神力量的超自然论调,并且这种论调本质上并不符合马克思主义唯物主义分析问题的方法。

此外,虽然经济基础方面的影响因素包括经济收入与分配差距两个因素,但是历史与现实都说明收入分配对社会的影响不可小觑。整个社会不仅要做大"蛋糕"而且还要科学地分配"蛋糕",如此才能够使得整个社会处于和谐的运行状态中;否则的话,即使号称超凡脱俗的具有虔诚宗教信仰的教徒,在金钱面前也难以无动于衷,更不用说大多数饱食人间烟火的凡夫俗子了。其实,革命导师马克思早就有关于物质利益的精辟论述,他认为人所奋斗的一切都与自己的经济利益相关,因此社会的收入分配制度对人的社会行为存在至关重要的逻辑驱动作用,所以本书着重研究了经济发展与收入分配差距对社会信用缺失现象的逻辑驱动作用,分析研究了社会经济发展中兼顾公平与注重效率之间的关系,研究如何权衡两者之间的关系才能够达到整个社会的可持续发展,并且能够保障整个社会处于社会信用良性循环运作进程中。

最后,根据马克思主义的物质决定意识,但是意识对物质存在巨大的反作用原理,社会信用意识形态对社会信用缺失现象存在内在的逻辑驱动效应,而社会信用信仰的坚守不仅仅取决于内心的驱动,更在于强有力的外部监督机制,从而把主观社会信用缺失与客观监管完美地结合起来,只有这样才能使整个社会达到均衡和谐状态。

本书在研究过程中对上述这些问题进行了详细的分析,围绕这些问题进行了综合研究,最终的目的就是揭示社会信用缺失现象产生的原因,以及由此带来的社会信用缺失问题的解决对策与思路,所有这些研究使得本书相比于同类研究来说更具有说服力,所提出的解决方案与思路也更具有针对性,也使得在此基础上提出的我国社会信用缺失治理对策更能够达到标本兼治的效果。

值得指出的是,本书不仅在研究内容上进行了拓展,在研究方法上也进行了突破,从而使得研究方法的运用更能够为研究内容服务,也更能够切合研究目标。现有研究文献基本上都运用规范研究方法对相关影响因素进行分析,然而如此泛泛而谈虽然构建了分析问题的一般框架,却难以更加准确地揭示社会信用缺失问题产生的内在作用机理,也难以提出有针对性的社会信用缺失问题治理对策。基于已有研究基础,本书综合运用规范分析、定量分析、结构方程分析、系统动力学分析以及博弈论等方法与理论,对我国社会信用缺失问题进行了深层次的理论研究,以便于达到揭示内在逻辑关系与提出解决方案的目标。首先,社会信用缺失问题的研究必然会牵涉到社会上各个方面的因素,而社会问题的复杂性与不可精确度量性使得这一问题的研究离不开定性的规范分析,然而定性研究方法的天然不足又使得运用定量研究方法成为必然,因为缺乏定量研究的问题分析难以准确地把握内在的驱动逻辑,所以本书在定性研究基础上运用定量研究方法分析社会信用缺失产生的原因,恰当地处理了定性定量研究方法的有机结合,也使得本书研究所提出的解决对策奠定在强有力的定性定量分析基础上。其次,正如上面所提到的那样,社会信用缺失问题不是一个因素作用的问题,而是牵涉到方方面面利益的系统性问题,因此运用系统工程理论与方法对社会信用缺失问题进行研究,更加有利于揭示社会信用缺失问题的内在驱动逻辑。于是,本书在定性定量分析基础上运用系统工程分析方法进行问题研究与破解,在构建系统动力学驱动模型基础上分析社会信用缺失问题产生的内在驱动逻辑,并且在深刻揭示社会信用缺失问题产生的原因基础上提出更具备针对性的解决方案,为我国社会信用缺失问题的系统解决提供决策支持。最后,由于社会信用缺失现象存在的现实基础——"损人利己",实质上就是不同利益主体之间的决策博弈,其产生的社会条件就是社会信用信息的不对称以及监管主体的缺位,由此本书沿着这一思路深入分析下去,运用信息经济学与博弈论知识对社会信用缺失现象中的不同利益主体行为进行分析,通过分析不同利益主体在不同信息环境下的博弈空间的决策选择,精准地解释社会信用缺失现象产生的内在逻辑驱动规律,也为提出更具针对性的社会信用缺失治理对策提供理论支持。在分析过程中,本书不仅仅关注不同博弈主体的决策取向、战略空间以及支付函数等,而且更关注不同社会信用类型在博弈均衡中所起的作用,并且进一步运用声誉模型与机制设计原理对社会信用缺失治理问题进行深刻的分析,最终为我国社会信用缺失现象的有效治理提供可行的决策依据。

正如上述分析所指出的那样,社会信用缺失现象作为一个涉及社会方方面面的复杂系统，各个方面的变化和逻辑关系对社会信用缺失现象必然产生影响，因此这些影响因素究竟如何发生驱动以及驱动影响幅度大小等问题就值得我们去关注了，而运用系统动力学原理对社会信用缺失现象进行系统的分析就成为必然的选择，如此就使得我们研究所提出的结论不仅具有坚实的理论基础，而且还具有强有力的逻辑分析与数据支持，这也是本书研究相比于同类研究的不同特征与优势所在。

基于上述分析思路，我们把本书章节安排为四个主要部分，第一部分即为本书的第一章与第二章，主要讨论社会信用缺失现象产生的体制因素，运用调查研究的方法对中国特色的社会信用缺失现象进行分析。第二部分包括第三章、第四章和第五章，主要研究思路就是基于社会经济基础与上层建筑等视角，运用相关理论对我国社会信用缺失现象进行分析，并且结合我国社会发展相关数据进行相应的实证检验，最后在理论分析与实证检验基础上提出我国社会信用缺失问题的治理对策思路。第三部分包括第六章、第七章和第八章。其中第六章和第七章运用博弈论理论与方法对社会信用缺失现象所涉及的不同利益主体进行分析，通过构建相应的博弈分析模型来说明不同利益主体的决策取舍，从而为社会信用缺失治理思路的提出提供进一步的理论支持；第八章则在上述系统分析基础上构建相应的系统动力学分析模型，讨论社会信用缺失现象产生的不同影响因素的变化所产生的影响，从而为社会信用缺失治理的对策设计提供理论支持与量化证据支持。第四部分就是第九章，主要是对已有研究结论进行总结，对我国信用缺失问题的驱动逻辑、发生机理以及治理对策进行归纳总结，从而勾勒出我国社会信用缺失问题治理的可行途径。上述四个部分互相支持、互相验证，综合运用规范分析方法、实证分析方法以及数理分析方法，从不同的角度研究了社会信用缺失产生的原因以及治理对策思路，从而为我国亟待解决的社会信用缺失问题提供可行的有针对性的治理逻辑。

当然，由于作者的研究水平有限，以及社会信用缺失所涉及的相关数据资料收集的限制，本书在很多方面还存在这样或者那样的不足。例如，由于对我国社会信用缺失原因、发生机理以及内在驱动逻辑等学理方面的探索还存在不足,在数据采集与加工、变量度量以及实证检验模型的设计等方面还有待完善,此外一些主客观原因使得本书难以对很多因素展开深入分析探索。以上因素使得本书所提出的社会信用缺失问题解决方案存在一些遗憾与不足。然而,虽然受到各种各样主客观条件的限制,本书还是尽其所能地开展了大量的工作,涉及了很多鲜有文献涉及的领域,所以,本书的研究思路相比同类研究文献来说更具有创新性,研究结论能够奠定在坚实的理论基础与实证数据支持上。这里衷心期望本书研究能达到为我国社会信用缺失治理提供有效解决方案的目的,从而能为我国相关部门的决策提供理论与实证支持。

目录

前言 ……………………………………………………………… 1
第一章 绪论 …………………………………………………… 001
 第一节 文献回顾与综述 …………………………………… 003
 第二节 社会信用缺失问题分析框架 ……………………… 009
第二章 社会信用缺失问题的体制因素分析 ………………… 013
 第一节 体制主体社会信用缺失心理认知调查分析 ……… 015
  一、体制主体的关键地位分析 …………………………… 015
  二、体制角色信用缺失行为的示范效应调查 …………… 019
  三、体制角色社会信用表现的社会心理认知调查 ……… 020
 第二节 体制角色信用缺失原因的心理认知调查分析 …… 024
  一、体制行政主体信用缺失行为的认知偏差 …………… 024
  二、体制主体信用缺失行为的敬畏意识不足 …………… 027
  三、体制主体信用缺失行为的惩罚缺失 ………………… 028
  四、体制主体人员的身份认知错置 ……………………… 030
 第三节 体制角色信用缺失的治理分析 …………………… 032
  一、体制主体信用缺失治理的标杆效应 ………………… 032
  二、体制主体信用缺失惩罚的威慑效应 ………………… 033
  三、社会信用缺失的司法治理保障效应 ………………… 034
  四、信用缺失的媒体监督效应 …………………………… 035
  五、社会信用道德信用的底线效应 ……………………… 037

第四节　体制角色信用缺失的治理对策 …………………………… 039
第三章　基于社会信用缺失监督机制的驱动逻辑分析 ……………… 041
第一节　社会信用缺失监督机制的驱动逻辑分析 …………………… 043
一、社会信用缺失行为关系分析 ………………………………… 043
二、社会信用缺失监督与社会信用行为之间的关系分析 …… 045
三、内在社会信用信仰与外在信用缺失监督的综合效应分析
　………………………………………………………………… 047
第二节　研究设计与实证检验分析 …………………………………… 049
一、变量定义与度量设计 ………………………………………… 049
二、研究设计与实证分析 ………………………………………… 051
第三节　完善社会信用与监督机制对策 ……………………………… 057
第四章　基于分配公平与发展效率的驱动逻辑分析 …………………… 059
第一节　基于分配公平与发展效率的驱动逻辑分析 ………………… 061
一、公平效率驱动社会信用缺失关系分析 ……………………… 061
二、社会情绪驱动的社会信用缺失效应分析 …………………… 066
第二节　驱动逻辑分析实证检验与结果分析 ………………………… 068
一、变量定义与度量 ……………………………………………… 068
二、描述性分析 …………………………………………………… 070
三、模型构建与检验分析 ………………………………………… 071
第三节　公平效率兼顾视角下的信用缺失治理对策 ………………… 076
第五章　基于经济基础与上层建筑的社会信用缺失问题分析 ……… 079
第一节　经济基础与上层建筑的驱动逻辑分析 ……………………… 081
一、经济基础与社会信用之间的关系分析 ……………………… 081
二、上层建筑与社会信用之间的关系分析 ……………………… 084
第二节　驱动逻辑的结构方程模型构建与检验 ……………………… 088
一、变量定义与度量 ……………………………………………… 088
二、结构方程模型设计与检验 …………………………………… 090
三、检验结果分析 ………………………………………………… 092
第三节　社会信用缺失治理对策分析 ………………………………… 093

第六章　基于社会信用收益与监督成本的博弈分析 …………… 095
第一节　博弈模型构建的初步分析 ……………………………… 097
第二节　博弈模型的进一步分析 ………………………………… 101
第三节　仿真模拟与政策分析 …………………………………… 104

第七章　基于社会信用缺失监管治理的重复博弈分析 ………… 109
第一节　重复博弈主体的支付函数分析 ………………………… 111
第二节　重复博弈状态下的决策分析 …………………………… 113
  一、子博弈支付函数相同情形下的简单重复博弈 ……………… 113
  二、子博弈支付函数不相同情形下的重复博弈分析 …………… 115
第三节　仿真分析与政策揭示 …………………………………… 118

第八章　基于社会信用缺失治理驱动的系统动力学分析 ……… 123
第一节　社会信用缺失系统分析 ………………………………… 125
  一、系统边界界定 ………………………………………………… 125
  二、系统假设 ……………………………………………………… 126
  三、因果关系反馈回路图 ………………………………………… 127
  四、系统动力学分析流图 ………………………………………… 129
第二节　系统动力学模型分析 …………………………………… 131
  一、变量度量和变量关系分析 …………………………………… 131
  二、变量变化趋势分析 …………………………………………… 136
  三、敏感性测试分析 ……………………………………………… 138
  四、模型有效性测试 ……………………………………………… 143
第三节　社会信用缺失治理对策 ………………………………… 145

第九章　我国社会信用缺失问题治理路径分析 ………………… 147
第一节　体制先行与司法护航 …………………………………… 149
第二节　齐抓共管与信息分享 …………………………………… 152
第三节　道法并举与克己复礼 …………………………………… 154

参考文献 ……………………………………………………………… 157
后记 …………………………………………………………………… 165

第一章
绪论

第一节 文献回顾与综述

尽管社会信用曾经是我国几千年来文化传承的重要元素,"人而无信,不知其可"迄今依然是我国绝大多数人的立身处世底线,但自古以来打上"信用缺失"底色的"阴谋诡计"也作为所谓"智慧"的特征泥沙俱下地传承至今,甚至借钱不还者成为债权债务关系中的"大爷"了。我国市场经济发展过程中存在的不足更使得信用缺失问题打上了时代的烙印,社会信用原则不断地被践踏、被藐视、被嘲笑的现象已经司空见惯,而信用缺失所带来的短视、不当得利行为得不到应有的惩罚,从而客观上变相助长了信用缺失行为并且产生了推波助澜的效应,而如何治理这一痼疾已经引起整个社会广泛的关注。

最早出现"诚"字的是我国的历史文献《尚书》[①],这里"诚"是指天道的根本特征,主要是指人们真实无妄、笃信鬼神的虔诚状态,是一种纯粹的宗教意识。我国《周易》[②]所记载的"诚"的含义已经发生了变化,它已经不只是指对于鬼神的宗教虔诚了,而且被赋予了人文道德的意义,告诫人们"诚"是顺应天道与人道的基本法则。目前世界上几乎所有主要宗教——基督教、伊斯兰教以及佛教等的教义都把社会信用列为为人处世的第一要著,信用缺失则受到世人的摒弃。例如,基督教教义中的"十戒"规定"不可作假见证",伊斯兰教中的基本信用规定"信天使,则不敢自欺,能不欺者,必遇事忠诚;信经典,则有所依据,能依经者,言必忠信",佛教教义中的"本心之真诚、行为之笃实"等等。事实上,我国已有大量文献(杨解君,2005;褚潇白,2008;

---

① 《尚书》,最早书名为《书》,是一部追述古代事迹著作的汇编,分为《虞书》《夏书》《商书》《周书》。因是儒家"五经"之一,又称《书经》。通行的《十三经注疏》中的《尚书》,就是《今文尚书》和伪《古文尚书》的合编本。现存版本中真伪参半。
② 《周易》即《易经》,"三易"之一(另有观点认为《易经》即"三易",而非《周易》),是传统经典之一,相传系周文王姬昌所作,内容包括《经》和《传》两个部分。

宋连斌等,2009;曾小平,2011)研究了宗教信仰与社会信用之间的关系,几乎所有研究都认为宗教信仰对社会信用表现存在一定的正面驱动效应。他们还对中美社会信用体系的制度环境和道德基础等进行解构比较分析,指出西方国家的基督教信仰对于整个社会的信用道德基础构建发挥了巨大的作用。然而,很多学者在充分肯定社会信用信仰作用的同时,也认为再虔诚的社会信用信仰也必须以强力监督为后盾,否则社会信用信仰也会逐步崩溃于无形而流于形式,社会上伪道德君子就会层出不穷而社会信用情况则每况愈下。值得指出的是,尽管西方社会普遍存在基督教宗教信仰,但是依然基于"政教分离"原则运用强力法治来规范保障社会信用。1804年的《法国民法典》以及1863年的《撒克逊王国民法典》[①]等都把社会信用法治化作为社会运作的基础,而政教合一的伊斯兰世界也没有成为人们社会生活的乐土,所有这些都说明无论多么严明的教义都不能够取代社会法治治理,否则等待人们的只能是虚伪道德人士充盈社会,但是道德滑坡现象却屡禁不止。国外学者延奇和里恩特拉(Jentzsch et al,2003)等研究认为立法体系的不健全以及执法力度的不足都会严重降低社会信用缺失成本,相应地间接鼓励了社会信用缺失行为,然而他们的研究也指出只有植根于内在的社会信用信仰才能够持久存在作用。我国学者徐国栋(2001)的研究同样肯定了内在社会信用信仰的重要性,他指出只有植根于内心的社会信用信仰才能够得到人们持久坚守与遵循。事实上,信用缺失心理认知和信用缺失外在表现的实质是主观社会信用和客观社会信用问题,前者指的是社会信用的主观动机问题,后者则指的是社会信用的客观效果问题(徐国栋,2001,2012,2013)。由于客观社会信用不仅容易感知而且容易度量,因此目前相关社会信用治理研究基本上都是偏重于客观社会信用治理,而对主观社会信用的关注则付之阙如,这就直接导致主观社会信用治理和客观社会信用现实的分离现象(徐国栋,2001),也使得目前治理理论存在"重客观信用缺失轻主观认知"的治理思路(夏玉珍等,2010)。不幸的是,尽管客观信用缺

---

① 《法国民法典》,又称《拿破仑法典》或《民法典》,总共分为3大部分2281条法律条文。《撒克逊王国民法典》,亦译《萨克森法典》《撒克逊明镜》,以德国普通法与《撒克逊法》为基础制定,共2620条。

失问题得到了一定的遏制,但是由于主观信用认知缺失问题的源头依然存在,只要客观监督与外界遏制稍微放松,主观信用缺失动机便会呈现"野火烧不尽、春风吹又生"的态势,其所带来的信用缺失后果更是会疯狂加倍地影响整个社会。换句话说,任何敷衍于信用缺失问题结果的治理思路都难以达到治本的目标,而只有基于信用认知缺失内心动机的治理思路才能够直击人们的心灵,也只有循此思路的治理才能够达到标本兼治的目的。我国自古以来就有"得人心者得天下"的说法,也有"攻心为上,攻城为下"的智慧谋略,"七擒孟获"的故事更是"口服心服"的攻心战略经典案例,至今依然对治国理政管家有巨大的借鉴作用,所有这些都说明基于心理认知的信用缺失治理是多么重要。这也从另外一个方面说明了为什么我国各部门投入巨大的精力治理信用缺失问题,但是仍处于治理效果不尽如人意的尴尬境地,社会上家家户户安装防盗门的事实足以说明一切的问题了,要达到夜不闭户的理想社会状态尚有很长的路程,即使要做到拆除防盗门的任务也不会轻松,更遑论完全消除全社会的信用缺失问题了。显然,这种"费力不讨好"的客观社会信用治理思路仅仅能够在短时期内达到治标效果,但是绝对难以达到治本效果,这种治理思路不仅仅在实践中遇到了巨大的瓶颈,在理论上也无法提出针对性强的治理思路。此外,社会信用缺失问题作为一种常见的社会现象,显然不可能脱离所处的社会经济基础,宏观经济发展形势与个人收入分配状况必然会对社会信用缺失现象存在不可小觑的影响。我国古代著名哲学著作《管子·牧民》①就提出"仓廪实则知礼节,衣食足则知荣辱"的结论,与此相对应的是,我国自古以来就有"不患寡而患不均"的思想,更有"均贫富"与"人间大同"的梦想,所有这些都说明经济发展形势对社会信用缺失现象存在巨大驱动作用,也说明社会收入分配差距过大不利于社会信用的建设,轻则引起社会不安,重则引起社会动荡。历史与现实都说明社会经济发展形势和收入分配差距状况对社会信用建设存在巨大的影响。天灾人祸饿殍遍野之时就是国家动乱之际,也是礼崩乐坏、瓦釜雷鸣之

---

① 《管子·牧民》是春秋时期军事家管仲创作的一篇散文。《管子》一书是稷下道家推尊管仲之作的集结,即以此为稷下之学的管子学派。《汉书·艺文志》将其列入子部道家类,《隋书·经籍志》将其列入法家类。《四库全书》将其列入子部法家类。《管子》篇幅宏伟,内容复杂,思想丰富,是研究中国古代特别是先秦学术文化思想的重要典籍。

时,更是社会信用崩溃之时,也是信用缺失乱象遍及寰宇之时。

随着市场经济的不断深入发展,社会信用缺失现象已经逐步蔓延到各行各业中去,时代不断呼吁构建社会信用体系,并且加大惩罚社会信用缺失行为的力度。我国理论界与实务界都对社会信用缺失问题投入了巨大的关注,进行了大量的理论研究与案例探讨,力求能够找到一条适合中国国情的社会信用缺失问题的治理路线。我国学者(赵毅 等,1998;李晏墅,2002;张芙华,2004;顾学宁,2005)运用规范研究方法分析了社会信用对社会经济发展的促进作用,并且结合我国社会经济发展数据进行了相应的实证检验(徐晟,2007;陈运平 等,2012;王艳,2014),研究发现社会信用对社会经济的可持续发展发挥着决定性作用,而一些学者(龙静云 等,2011;王青斌,2012;王淑芹,2015)则运用规范方法对社会信用问题进行了详细的研究,但是其主观性"先入为主"的判断严重脱离人们的内在心理认知的治理,从而导致研究所提出的对策缺乏深厚的客观数据支撑,也使得这些研究所开出的"药方"难以与社会信用缺失"病症"无缝衔接。与此同时,郑书前(2002)、王伟国(2012)以及付子堂和类延村(2013)等都运用规范分析方法研究了社会信用建设的法治保障问题,指出我国社会信用保障力量不能仅仅来自社会道德层面的信用说教力量,更应该源自强力机构的法律制度保障,任何试图绕过法治建设来推行社会信用建设的努力都是难以持续的,在实践中也不可能起到治理社会信用缺失问题的效果。在此研究基础上,很多学者研究了外界强力监督对社会信用建设的促进效果,赵荣和赵静(2017)通过对德国社会信用体系构建的宏观要素进行分析,指出法制监督和社会舆论监督是社会信用监督两个必不可少的元素,而社会信用信息的无障碍流通则是社会信用监督的基础。苏盾(2004)与李涛等(2008)的研究认为信用缺失信息的不对称加剧了社会信用缺失现象,而社会媒体的信用缺失监督则存在遏制社会信用缺失行为的显著效果。杨家宁(2011)及耿云江和王海雯(2017)等学者的研究都认为公开的媒体监督有助于社会信用缺失行为的遏制,客观上存在提高全社会法律意识的功能以及对信用缺失法治治理的推进。我国学者徐国栋(2004)对中世纪法学家关于社会信用问题的研究进行了系统总结,研究认为整个西方资本主义萌芽的道德基础就是社会信用交易,否则根本不会有西方资本主义经济的繁荣,更不会使西方成为世界文化引擎与经济发展火车头,信用缺失行为只会逐步孕育资本主义社会的危机。另外,很多研究文献指出,信用缺失监督不仅仅是司法强力机构的监督,还应该包括以新闻媒体监督为主的非强力机构的民间监督,这种民间舆论监督的最直接效应就是减少信用缺失信息的不对称,从而有助于整个社会形成守信用光荣、信用缺失可耻的文化。值得指出的是,虽然已有研究运用数理模型构建方法揭示了社会信用缺失的内在逻辑驱动关系,但是令人遗憾的是这些模型构建基本上简单化了处理信用缺失双方的利益算计问题,对信用缺失利得度量仅仅运用简单的字母来表示,也就难以分析信用缺失利得度量中不同因素的作用,更会导致难以深刻揭示社会信用缺失问题的内在逻辑关系,更加难以精确地刻画社会信用缺失所涉及不同利益主体之间的得失利益关系,所有这些都说明已有研究模型存在很大的改进空间。徐爱萍和柴光文(2006)运用博弈理论对守信与信用缺失决策进行了博弈分析,借助成本收益分析工具阐述了社会信用的激励约束机理。曾令华和彭益(2010)运用博弈论分析中介模式下信用信息征集问题,提出了真实信息激励与虚假信息惩罚机制。王志远(2012)运用演化博弈论分析了信用缺失问题,并且认为如果不存在相关信用缺失约束惩罚机制,那么信用缺失就会成为每个人的占优策略,而只有引入相应奖惩机制才能够改变原有博弈结构,使得诚实守信成为博弈的唯一纳什均衡优势策略。张兴龙等(2015)运用多阶段博弈模型分析二手房市场逆向选择问题,指出"逆向选择"的内在机理在于信息的不完美,市场各方主体不能够平等及时地获取信用缺失信息,如此也使得相关利益主体的利己损人动机得以付诸实践,进而分析认为只有加强规范管理才能够达到稳定市场的目的。李善民(2015)运用演化博弈理论对信用体系缓解农户融资的约束机理进行了分析,发现农户信用缺失问题改变之后的贷款策略才是最优的,否则农户的信用缺失反而会助长贷款机制的难度。郭志清(2017)通过构建相应的博弈模型,分析了电商交易主体中影响社会信用问题的不同因素,得出应从三个方面对电商交易的社会信用缺失约束机制进行分析,即完善信用评价体系实现共建共享、构建全面监管体系让信用缺失者寸步难行、加大社会信用奖惩力度激励商家坚守社会信用。金祥义和张文菲(2017)研究了嵌入信用缺失惩罚机制的重复博弈的网约车问题,提出加入惩罚机制之后,囚徒困境解构问题得以完美解决。上述这些研究都运用博弈论理论与方法对社会信用缺失现象进行了分析,普遍认为引进相应的奖励机制和惩罚机制是社会信用缺失问题治理的关键。

由此可见,国内外学者研究社会信用缺失问题产生的原因以及所提出的治理结论基本类似,一致认为社会信用缺失治理涉及社会各个方面的因素,包括政治、经济、文化、法治、宗教信仰等,属于牵一发而动全身的系统工程,在此分析基础上也提出了相应的治理思路。那么究竟如何进行社会信用缺失治理呢?总体来说,目前学术界有代表性的信用缺失治理思路包括市场自我治理理论、伦理重建论、政府信用先行论和信用重建论等(孙巧丽,2005;杨秋菊,2015)。市场自我治理理论认为市场运行中的惩罚机制和奖励机制的合力效应,可以不断地淘汰市场运行中的社会信用违规主体,最终达到整个社会的信用体系建设目的。伦理重建论过分强调精神意识形态,认为通过加强道德教育以提高人们的社会信用责任感和信用缺失耻辱感,可以达到社会信用治理目的。政府信用先行论认为我国特殊的国情造就了政府行为的强大导向性效应,因此信用缺失治理必须从政府信用治理开始,否则任何信用缺失治理都仅仅是治标而不治本。信用重建论则认为市场经济的原罪不断吞噬着社会信用,修修补补的治理难以胜任治理濒临崩溃的社会信用系统的工作,任何寄希望于一夜之间革命性全盘改变的社会信用建设思路注定是不现实的,因此只有通过持续的改革以达到整个社会信用系统的换血目的,才能最终达到整个社会信用体系标本兼治的重建目的。

显然,上述这些社会信用治理思路都是从不同的角度对我国社会信用缺失问题提出了有价值的治理对策,但是这些治理理论基本上都是针对社会信用缺失外在表现治理的。然而任何外在的表现必然是基于内在心理动机的行为,由此真正能够达到标本兼治目标的可行思路应该是基于内在心理认知的矫正:只有在对社会信用缺失心理认知调查分析基础上界定问题的症结所在,并在此基础上提出社会信用缺失问题治理的思路才是可行的。

第二节 社会信用缺失问题分析框架

本书主要研究社会信用缺失问题的产生原因以及治理对策,因此在研究之前有必要简单介绍一下本书的分析思路,并且在此基础上构建本书的理论分析框架。

首先,根据上文回顾的文献可以知道,个人社会信用是言而有信,而信用缺失就是言而无信。由于社会是由个人组成的,因此个人社会信用就是社会信用构建的细胞,反过来社会信用环境又会影响个人社会信用问题,因此社会信用的概念就是在整个社会生活中逐渐形成的诚实守信的社会风气,它也构成了社会生活中被广泛认可的道德及规则。反之,社会信用缺失就是整个社会形成的广泛的社会信用缺失风气,个人信用缺失行为构成了社会信用缺失的细胞,并且整个健康社会所应有的道德体系被彻底否定。由此可见,社会信用缺失问题不仅仅涉及个人信用缺失问题,而且涉及整个社会治理中的方方面面,因此在研究社会信用缺失问题的起源以及治理的时候,绝对不能脱离一定的国情社情来谈论问题的解决,更不能运用所谓的"休克"疗法来治理我国的社会信用缺失问题,只有"边发现问题边治理问题"的方案才是最适合我国国情的社会信用缺失治理方法。正如上述分析所指出的那样,市场自我治理理论的本质就是一切交给市场进行治理,但是市场治理有效发挥的前提必须是市场机制得到切实有效的执行,然而对于我国这样一个人情社会来说实现这样的前提尤为困难。伦理重建论的本质在于整个社会的伦理体系重新构建,然而我国整个社会并不存在严重的伦理崩溃现象,没有人认为信用缺失是正确的做法,仅仅因为各种利益驱使才出现各种道德失范现象。信用重建论的本质在于告别过去、拥抱未来,但是任何"休克"疗法都会给社会带来巨大的震动,并且根本没有足够的时间进行信用重建,如此造成的巨大的信用缺失成本不是整个社会所能承受的。政府信用先行论则说明政府部门信用先行,可以带来整个社会的信用构建,其理论基础在于政府对社会存在巨大的掌控作用，举国体制国家政府在整个社会中所发挥的作用自然难以低估，因此我国的社会信用缺失问题的关键应该在于举国体制的发挥，也就是说体制内机构与人员的信用构建可以带来全社会的示范效应。于是，基于上述分析，本书首先讨论体制内机构与人员的信用治理问题，并且提出体制信用是整个社会信用重建的关键。

其次，正如上述文献综述所指出的那样，社会信用缺失问题不仅仅是一种社会关系问题，更是社会交往中所蕴含的社会信用意识问题，社会契约的实现更多是全民意识形态的再造，无论是社会信用社会风气的形成，还是社会信用社会法治思想的实施以及社会信用的确立，都需要社会上各个部门的社会信用意识观点的树立，因此整个社会信用体系的确立对社会信用社会的作用不可小觑。但是，无论多么强大的意识形态，人性的弱点使得监督体系成为社会信用缺失治理的必须，否则一旦脱离监督体系，社会信用体系便会崩溃。古今中外的历史也早已经证明监督体系的重要性，因此分析信用意识与监督体系综合作用效果，对于揭示我国社会信用缺失问题的产生原因并提出治理措施是很有价值的。

然而，无论意识形态存在多大的反作用，社会的走向还是得回到辩证法中的物质决定意识中来，否则任何意识形态的反作用都难以持续，所以运用物质决定意识的原理分析社会信用缺乏问题的产生原因并提出社会信用缺失问题治理措施意义巨大，也就是说通过分析社会经济发展以及分配公平问题，从而进一步分析社会信用缺失问题的产生原因与治理对策，然后指出大力发展社会经济的同时注重社会财富的公平分配，否则会带给整个社会严重的信用缺失问题，因此研究社会经济基础以及社会分配公平对社会信用缺失问题的作用效果，有助于揭示社会信用缺失的产生原因以及治理对策的设计，更有助于重铸社会信用文化与社会信用意识形态。

值得指出的是，尽管上述分析认为社会信用意识形态建设、监督机制以及经济建设等方方面面都对社会信用缺失问题存在作用，但是说到底，社会信用缺失问题的本质还是经济利益问题，因此究竟如何进行监督就成为各方利益主体如何进行博弈的问题。通过构建博弈分析模型来揭示内在的驱动逻辑规律，进而对现有监督机制提出有价值的改进建议，有助于我国社会信用缺失问题的治理。在此基础上，运用系统工程思想对我国社会信用缺失问题进行系统分析，进而通过构建系统动力学分析模型对我国社会信用缺失问题的产生原因以及治理对策进行逻辑分析，最后提出有针对性的研究治理对策的路线。

由此可见，本书运用马克思辩证唯物主义哲学的基本原理，不仅仅从物质决定意识的角度分析社会信用缺失产生的原因，也从意识对物质的巨大反作用的角度来分析社会信用缺失产生的原因，并且综合运用规范研究、定量研究、博弈分析以及系统动力学分析方法等，对我国社会信用缺失问题产生的原因以及治理对策进行深刻的分析。这也是本书不同于同类书籍的地方。

现在根据以上所述的分析思路，用图 1-1 描述具体的研究技术路线。

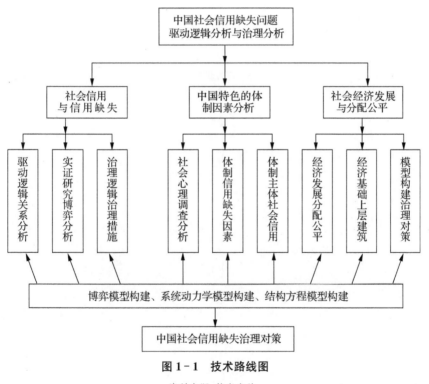

图 1-1　技术路线图

资料来源：笔者自绘。

第二章
社会信用缺失问题的体制因素分析

第一节 体制主体社会信用缺失心理认知调查分析

一、体制主体的关键地位分析

社会信用缺失问题治理的本质在于对人们信用缺失主观动机的辨析。俗话说"心病还得心药治",笔者在辨析社会信用缺失心理主观动机的基础上提炼出信用缺失根源,并在此基础上提出相应的治理对策思路。换句话说,任何社会信用缺失治理对策的提出都必须基于对社会信用缺失心理认知的调查数据的分析,在辨析我国社会信用缺失问题关键心理症结基础上提出更具针对性的治理对策。可见,这里的研究思路着重于客观数据的采集与分析,而不是仅仅运用主观分析进行逻辑推理,显然有别于已有研究文献中普遍存在的"先入为主"研究方法的局限,从而使得研究所提出的社会信用缺失治理对策具备了坚实的客观数据基础,相比已有研究方案来说更加富有现实可行性和可信性。在接下来的章节中,本书准备从客观数据的采集入手,运用相关理论与方法对调查数据进行逻辑分析,然后在给出理论解释的基础上提出相应的治理思路。

值得说明的是,为了使社会信用缺失心理认知的调查数据更具备代表性,调查采用网络问卷调查、访谈调查与电话调查等方式进行,其中调查对象覆盖不同文化层次、地域、民族、经济收入、性别等。此外,为了使调查问答更具备可理解性,所有调查题目都一律设计为单项选择题,问题答案则设计为李克特五级量表[①],调查问题涉及社会信用缺失关键角色界定、体制角色信用缺失示范效应、体制角色信用缺失心理认知、体制角色信用缺失原因

[①] 李克特量表是评分加总式量表中最常用的一种,属同一构念的项目用加总方式来计分,单独或个别项目是无意义的。它是由美国社会心理学家李克特于1932年在原有的总加量表基础上改进而成的。该量表由一组陈述组成,每一陈述有"非常同意""同意""不一定""不同意""非常不同意"五种回答,分别记分为5、4、3、2、1。每个被调查者的态度总分就是他对各道题的回答所得分数的加总,这一总分可说明他的态度强弱或他在这一量表上的不同状态。

分析以及社会信用缺失治理对策等等，调查问卷答案都来自如下五个选项：A——完全满意/完全容忍/完全赞成，B——满意/容忍/赞成，C——凑合/一般，D——不满意/不容忍/不赞成，E——完全不满意/完全不容忍/完全不赞成。具体调查问题及相应的调查数据将在以下章节中逐步交代。本次调查问卷设计问题60题，共收回调查问卷621份，其中包括有效样本582份。

毫无疑问，任何社会的关键角色都具备引领社会的关键能力，言行举止都存在极大的示范效应，在社会发展的各个方面都占有绝对地位，具有对社会发展提出方向性的能力，那么我国社会信用缺失治理中的关键角色是什么呢？这里准备从政治上、经济上以及思想上等三个方面说明社会信用缺失治理中的体制角色。

首先，在政治上我国实行的是中国共产党领导下的多党合作制度，宪法对中国共产党的领导地位进行了明确规定，这客观上说明了中国共产党的执政权力得到了全国各族人民的衷心拥护和认可。事实上，中国共产党的基层组织不仅仅在我国各级政权体系中发挥着中流砥柱的作用，而且在各种形式的经济组织中也发挥着越来越大的作用，修改后的《中华人民共和国公司法》[①]明确规定中国共产党在非国有企业经济组织结构中的政治领导地位，这就从法律上回答了中国共产党在民营企业以及各种形式的外商投资合作企业中的法律地位问题。

其次，在经济上国有企业的主导地位是不容置疑的。中央国有企业与地方国有企业基本上掌握了我国经济命脉，不仅仅对关系国计民生的糖、烟、酒、盐等行业实行行业专营制度，而且还对关系国家命脉的石油、电信、天然气、金融等行业实行行业强制准入制度，所有这些都从法律上保证了国有企业在我国经济建设中的主导地位。这也可以从近几年来（2010—2015

[①] 1993年12月29日第八届全国人民代表大会常务委员会第五次会议通过，根据1999年12月25日第九届全国人民代表大会常务委员会第十三次会议《关于修改〈中华人民共和国公司法〉的决定》第一次修正，根据2004年8月28日第十届全国人民代表大会常务委员会第十一次会议《关于修改〈中华人民共和国公司法〉的决定》第二次修正，2005年10月27日第十届全国人民代表大会常务委员会第十八次会议修订，根据2013年12月28日第十二届全国人民代表大会常务委员会第六次会议《关于修改〈中华人民共和国海洋环境保护法〉等七部法律的决定》第三次修正，根据2018年10月26日第十三届全国人民代表大会常务委员会第六次会议《关于修改〈中华人民共和国公司法〉的决定》第四次修正。

年)我国国有企业的相关经营数据得到进一步佐证,表2-1列示的国有企业近年来的经营数据有力地说明了国有企业的绝对优势地位。

表2-1 国有企业经济地位相关数据占比表(2010—2015年)

项目	2015	2014	2013	2012	2011	2010
国有企业机构法人数/个	12 593 254	10 617 154	8 208 273	8 286 654	7 331 200	6 517 670
国有企业机构法人数占比	0.010 82	0.012 54	0.014 15	0.019 85	0.022 01	0.024 42
国有企业就业人口数/万人	6 208	6 312	6 365	6 839	6 704	6 516
国有企业就业人口占比	0.165 02	0.173 62	0.180 43	0.196 03	0.198 55	0.198 27
国有企业工资总额/亿元	40 387.9	36 106.6	33 359.6	32 950	28 954.8	24 886.4
国有企业工资总额占比	0.360 58	0.351 17	0.358 46	0.464 65	0.482 94	0.526 47
国有企业固定资产投资/亿元	139 711.3	125 005.16	109 850	96 220.3	82 494.78	83 316.5
国有企业固定资产投资占比	0.259 05	0.255 62	0.258 99	0.271 91	0.281 77	0.319 33

资料来源:中国知网数据库中国经济社会大数据研究平台。

表2-1显示,国有企业机构法人数占比呈现下降趋势,从2010年的2.442%下降到2015年的1.082%,然而数量占比的微不足道的下降并不代表国有企业在整个国家经济建设中的作用下降,相反还出现了上升趋势。国有企业巨大的经营规模使得其吸纳就业人口数占比最低年度也达到了16.502%,最高年度则达到了19.855%,由此可知国有企业的经营规模绝非其他任何所有制类型内资企业可以比较的。此外,国有企业人员的工资总额最高年度占比达到了52.647%,最低年度占比也达到了35.117%,可见工资总额占比是人数规模占比的2~3倍,相应的国有企业固定资产投资规模占比也达到了人数规模占比的2倍左右,所有这些都说明了国有企业在整个国家占有举足轻重的地位。

最后,在思想(意识形态)宣传上,广播电影电视新闻传媒行业的审批制度基本上保证了我国意识形态领域上的纯洁性,各种私有经营机构基本上难以偏离中国特色社会主义意识形态,国有文化教育等机构始终处于我国意识形态领域的主导地位,牢固地占领了社会主义意识形态阵地,这就确定了马克思主义成为整个社会的宣传阵线主旋律。表2-2列示了我国国有教育文化公共管理等机构的从业人数及占比,数据显示国有机构从业人员占比基本上都在50%左右。而所占据的资产更不是其他经营组织资产所能够相比的,表2-2数据显示国有教育文化体育等事业占据的资产基本稳定在90%左右,可见体制内机构在整个社会意识形态文化教育领域中具有绝对掌控力。

表2-2 国有教育文化公共管理等机构就业人数占比表(2010—2015年)

项目		2015	2014	2013	2012	2011	2010
教育业	就业人数/万人	1 607.3	1 602.7	1 573.8	1 567.2	1 540.9	1 517.4
	占比	0.462 8	0.463 9	0.466 4	0.473 9	0.476 2	0.479 7
文化体育娱乐业	就业人数/万人	104.4	106.3	109.9	115	113.8	113.1
	占比	0.350 2	0.365 3	0.373 9	0.417 6	0.421 5	0.430 2
公共管理社会组织	就业人数/万人	1 624.4	1 585.1	1 553.6	1 528.6	1 452.7	1 415.6
	占比	0.495 9	0.495 6	0.495 7	0.495 8	0.494 9	0.495 5
文化体育教育等行业	固定资产/亿元	14 451.1	12 887.1	10 664.1	8 884.3	7 056.6	6 993
	占比	0.911 0	0.910 2	0.890 1	0.882 4	0.861 1	0.873 2

资料来源:中国知网数据库中国经济社会大数据研究平台。

由此可见,体制机构在政治、经济以及思想文化等领域都占有绝对优势,无论是所拥有的政治地位、经济地位、在意识形态领域的领导地位,还是在社会上各个方面所占据的社会地位都是其他任何所有制类型的社会主体难以相比的。自然体制内机构对社会各个方面的建设以及影响力都是居于领导地位的。当然在社会信用建设以及信用缺失责任方面的权利与义务也是其他机构所不能相提并论的。相应地,体制内机构的从业人员在社会上所承担的角色已经不是简单的雇员了,毕竟他们能够进入体制内机构已经说明他们的学识以及道德水平得到了一定程度的社会承认,他们的所作所为在体制外人员心中就形成一种理所当然的行为示范与引导效应。社会上体制外人员对体制内人员的行为举止总是带有"高标准、严要求"的有色眼光,并且总是习惯性地"放大"体制内人员的不当行为,这势必要求体制内人员更加严格地审视自己的言谈举止,时刻反省自己的行为是否符合社会公众要求,绝对不能把自己等同于体制外人员,更不能因为自己的言行举止而给政府抹黑。

二、体制角色信用缺失行为的示范效应调查

由于中国特色的社会主义国家体制决定了体制机构在社会各项事务中发挥着关键作用,体制机构人员同样在社会各项事务中扮演着关键角色,那么他们这种独特的关键作用得到社会的普遍认可了吗?他们在社会信用建设与信用缺失治理中也同样扮演着关键作用吗?为了能够全面地把握体制角色的社会信用缺失示范效应,现在通过调查问卷的形式进行梳理,具体问卷设计以及相应的问卷回答统计数据如表2-3所示。

表2-3 体制角色的信用缺失社会示范效应调查表

问题简述	A	B	C	D	E	A+B	D+E
您认可政府行政机构社会信用行为的示范效应吗?	0.23	0.22	0.16	0.19	0.20	0.45	0.39
您认可政府行政机构信用缺失行为的示范效应吗?	0.35	0.38	0.02	0.12	0.13	0.73	0.25
您认可公检法司机构社会信用行为的示范效应吗?	0.17	0.18	0.14	0.23	0.28	0.35	0.51
您认可公检法司机构信用缺失行为的示范效应吗?	0.33	0.35	0.07	0.13	0.12	0.68	0.25
您认可国有企事业机构社会信用行为示范效应吗?	0.20	0.23	0.16	0.20	0.21	0.43	0.41
您认可国有企事业机构信用缺失行为示范效应吗?	0.35	0.27	0.08	0.15	0.15	0.62	0.30
您认可体制机构社会信用效应超过体制外机构吗?	0.17	0.15	0.20	0.25	0.23	0.32	0.48
您认可体制机构信用缺失效应超过体制外机构吗?	0.35	0.37	0.07	0.10	0.11	0.72	0.21
您认可社会信用缺失治理突破口为体制内机构吗?	0.34	0.36	0.11	0.09	0.10	0.70	0.19
您认可社会信用缺失治理突破口为体制外机构吗?	0.11	0.12	0.14	0.21	0.42	0.23	0.63

资料来源:笔者自制。

表2-3调查统计数据显示,无论是行政司法机构还是国有企事业机构,

所产生的社会信用示范效应都比信用缺失示范效应小。究其原因，整个社会都认为体制机构在社会中扮演着独特的关键角色，所以社会上对体制机构人员的要求远远高于对其他机构从业人员的要求，由此就发生了社会心理学上所称的"负面机制"效应。同时心理聚焦效应使得人们更愿意关注社会关键体制角色的言行举止，自然就存在无限放大其负面效应的动机，而对其守信行为则认为是理所当然的。此外，由于体制机构信用缺失行为所带来的社会成本损失势必由全社会承担，所以相比其他机构，体制机构的信用缺失行为就更加重要了，肯定不可以采取"事不关己、高高挂起"的态度。社会公众普遍认为，体制机构人员不仅仅是社会中的"精英分子"，并且应该普遍具备高于社会平均水平的文化水平与道德修养，因此社会公众就会对体制机构人员提出更高的道德要求，作为"默认应当"的社会信用行为自然被视作理所当然，就不会刻意去过多关注宣扬，而作为"默认不应当"的信用缺失行为就得到社会的普遍关注，这一分析也可以从调查数据中得到验证。调查数据显示，社会普遍认为体制角色比体制外角色具有更为显著的信用缺失示范效应，但是却不存在显著的社会信用示范效应，并且高达70%的人认可信用缺失治理的突破口是体制内机构，仅仅有20%左右的人认为信用缺失治理的突破口是体制外机构。所有这些都说明这样一个事实，即作为社会关键角色的体制角色，他们的信用缺失行为给社会带来的示范效应是其他任何群体都不具备的。

三、体制角色社会信用表现的社会心理认知调查

根据上述调查数据分析，体制机构及其就业人员在社会信用体系建设中扮演着特殊的角色，绝对不能简单地把体制角色等同于其他体制外角色。既然体制角色在社会信用体系建设中承担关键角色，那么现在体制角色的社会信用表现得到社会的普遍认可了吗？或者说，体制角色究竟给社会留下什么样的社会信用印象呢？表2-4列举了不同类型体制角色社会信用表现的社会心理认知调查数据。这里为了便于对体制角色的社会信用表现进行详细的有针对性的分析，把体制机构按照岗位类别和特征分为政府机构、司法机构、行政机构、科教机构、国有事业机构以及国有企业等类别。可见上述不同体制角色中政府机构、司法机构和行政机构等都拥有绝对的权力，

对社会所承担的责任和所发挥的作用相对也大,而科教机构与国有事业机构却仅仅是秉持国家意志从事科学文化教育等活动的主体,国有企业则是相对自负盈亏的利益主体,这些不同的体制角色所肩负的职责与运作方式不同,自然就会在社会交往中显露出不同的社会信用表现。

表2-4 不同类型体制角色社会信用表现的社会心理认知调查表

行业划分	角色划分	A	B	C	D	E	A+B	D+E
政府机构	机构角色	0.1046	0.2163	0.2583	0.2147	0.2061	0.3209	0.4208
	从业角色	0.2731	0.3831	0.1023	0.1362	0.1053	0.6562	0.2415
司法机构	机构角色	0.1172	0.1263	0.2841	0.2244	0.2480	0.2435	0.4724
	从业角色	0.2371	0.2741	0.2841	0.0326	0.1721	0.5112	0.2047
行政机构	机构角色	0.1109	0.1713	0.2713	0.2195	0.2270	0.2822	0.4465
	从业角色	0.2551	0.3286	0.1932	0.0844	0.1387	0.5837	0.2231
科教机构	机构角色	0.1511	0.2019	0.4291	0.1011	0.1161	0.3530	0.2181
	从业角色	0.3209	0.2306	0.2391	0.1011	0.1083	0.5515	0.2094
国有事业机构	机构角色	0.2032	0.1609	0.2064	0.2054	0.2241	0.3641	0.4295
	从业角色	0.2631	0.1622	0.2051	0.2410	0.1287	0.4252	0.3697
国有企业	机构角色	0.2301	0.2207	0.1982	0.2301	0.1201	0.4508	0.3510
	从业角色	0.2920	0.1963	0.2221	0.1710	0.1185	0.4883	0.2895

资料来源:笔者自制。

显然,由于体制主体所掌握的政治经济资源是其他社会群体无可比拟的,并且体制主体的政治经济地位不但不会削弱,反而还会加强,正如习近平总书记在2016年7月4日全国国有企业改革座谈会上所指出的那样,要理直气壮地做强做优做大国有企业,国有企业的地位都不会削弱,那么体制内政府、行政、司法、科教等机构的地位更不会削弱了,由此研究体制主体社会信用缺失的社会心理认知就显得尤为重要了。试想如果体制主体的社会信用受到整个社会广泛质疑的话,那么还能够奢望体制机构带领全社会构建信用社会吗?

表2-4显示,整体来说,体制机构社会信用表现的社会心理认知完全满意度不容乐观,政府、行政、司法等权力机构的"完全满意度"仅仅为0.1046、

0.110 9与0.117 2等,而"完全不满意度"却达到了难以置信的0.206 1、0.227 0与0.248 0。此外,如果把"完全满意度"与"满意度"、"完全不满意度"与"不满意度"分别相加的话,那么这些数据分别为0.320 9、0.282 2、0.243 5与0.420 8、0.446 5、0.472 4。显然整体来说社会对权力机构的不满意度已经超过了满意度,说明我国体制主体的社会信用表现确实差强人意。但是,表2-4数据还显示,掌握权力的行政公检法司机构社会信用表现的社会心理认知较差,然而掌握权力较少的科教文化事业机构社会信用表现的社会心理认知却较好,全面面向市场的企业主体社会信用表现的社会心理认知的"满意度"超过了"不满意度"。究其原因,其实很好理解,处于风口浪尖上的弄潮儿总会受到来自各个方面的挑剔,权力机构的言行举止受到社会各个阶层的密切关注,信用缺失行为的放大效应与守信行为的缩小效应的叠加,使得掌握公权力的政府机构背上了沉重的体制负担,长期以来宣传的"绝对的权力导致绝对的腐败"论调也进一步增加了体制机构的制度负担。虽然我国一直以来都没有放松反腐倡廉建设,国家所取得的各项建设也得到了全国人民的认可,但是我国权力机构的监督机制存在不足也是不争的事实,而相对来说离市场比较近的国有企业社会信用表现却令人乐观。换句话说,尽管国有企业经营上存在各种财政与产业政策扶持,但是面向市场竞争的客观现实使得国有企业"不得不"注意自身的言谈举止,市场经济环境无形中提升了国有企业的社会信用表现,相应地,社会对国有企业信用的心理认知满意度也较高,达到了罕见的45%,远远超过了不满意度35%。

那么,接下来的一个问题自然就是,体制主体普遍存在的社会信用危机究竟是体制带来的,还是体制机构人员的行为带来的呢?表2-4不仅仅列举了体制主体社会信用表现的社会心理认知调查数据,而且还列举了体制主体供职人员社会信用表现的社会心理认知调查数据。调查数据显示这些群体社会信用表现的社会心理认知普遍比较高,在大多数情况下都是满意度超过了不满意度,并且基本上他们的社会信用满意度超过了体制外群体个人的社会信用满意度,这就从根本上说明了这些群体的个人素质是值得社会信任和期待的。这一事实再次说明了体制主体一旦出现系统性社会信用问题,其带给社会的影响绝对不可小觑,如果整个社会中有超过一半人都在怀疑体制机构运作的社会信用问题,那么心怀叵测的体制外机构更会在

"搭便车"效应下为非作歹,各种移花接木、偷换主体的信用缺失问题就会层出不穷,体制外机构与人员就会打着体制机构的名义,从事各种违法违纪行为,最终导致整个社会的社会信用缺失,而社会所要付出的代价更是难以估计。

第二节 体制角色信用缺失原因的心理认知调查分析

一、体制行政主体信用缺失行为的认知偏差

按道理来说，我国体制内从业人员都具备一定的理论水平和政策水平，学历水平普遍高于社会平均水平，并且行政主体从业人员大多数为同龄人中的优秀分子，他们系统地受过马克思主义教育，普遍具备为人民服务的政治觉悟，并且调查数据显示，他们个人社会信用表现的社会心理认知也普遍高于社会平均水平，属于社会上值得信赖的群体。那么，为什么由这些高素质人士供职的体制机构的社会信用表现却差强人意、存在差距呢？其实，问题的症结正如上述，还在于社会公众对体制行政主体的系统性认知存在误解所带来的认知模糊，当然也在于体制机构人员敬畏权力的意识尚有不足，极少数人员甚至想当然地认为权力主体的信用缺失不是信用缺失，而是一种社会环境变化所带来的变通行为，加上没有有效的事后解释与补偿，自然难以得到社会的理解与配合，又想当然地以为体制行政行为应该得到整个社会的理解和配合，监督不足所带来的权力傲慢自然难以得到有效的矫正，各种利益输送现象就会在体制主体决策中显现出来，即使带给整个社会轩然大波也无动于衷，叠加各种敌对势力的推波助澜自然就会产生信用缺失的"放大"效应。

为了更科学地测试体制行政主体的社会信用缺失认知，这里通过设计若干场景进行问卷调查，以便于在获取第一手调查数据基础上进行内在的逻辑关系分析，具体调查数据如表2-5所示。

表2-5 体制行政主体的社会信用缺失认知调查

问题简述	A	B	C	D	E	A+B	D+E
您认可民间群体事件源自群众不明真相吗？	0.21	0.23	0.31	0.14	0.11	0.44	0.25

续表

问题简述	A	B	C	D	E	A+B	D+E
您认可公共事件应该透明化处理吗？	0.24	0.21	0.04	0.31	0.19	0.45	0.50
您认可体制人员隐形福利应被社会理解吗？	0.31	0.22	0.22	0.11	0.14	0.53	0.25
您认可机构现阶段能够达到社会信用施政吗？	0.11	0.23	0.09	0.21	0.36	0.34	0.57
您认可改革体制人员不合理特权利益吗？	0.14	0.13	0.23	0.24	0.26	0.27	0.50
您认可科研经费属于可自由支配收入吗？	0.28	0.23	0.18	0.15	0.16	0.51	0.31
您认可体制内外机构各种待遇应该平等吗？	0.13	0.12	0.22	0.28	0.25	0.25	0.53
您认可行政执法信用缺失会畏惧上天报应吗？	0.09	0.08	0.22	0.32	0.29	0.17	0.61
您认可"伸手必然会被捉"是必然事件吗？	0.05	0.07	0.22	0.29	0.37	0.12	0.66
您认可"若伸手就被捉"会震慑信用缺失者吗？	0.38	0.26	0.11	0.10	0.15	0.64	0.25
您认可体制内就业仅仅是谋生手段吗？	0.17	0.15	0.17	0.27	0.24	0.32	0.51
您认可体制内外人员存在社会责任差别吗？	0.18	0.17	0.18	0.23	0.24	0.35	0.47

资料来源：笔者自制。

表2-5的调查数据显示，体制内机构人员对信用缺失事件的判断标准不同于社会上普通民众，社会上普通民众认可为"信用缺失"的事件却未必被体制内人员所认可，毕竟体制内人员考虑问题的角度不完全等同于社会上普通民众考虑问题的角度，体制内人员所肩负的国家治理责任决定了他们必须基于国家利益的角度考虑问题，而社会上普通民众本身的非理性行为特征决定了他们容易受到社会上不法人员的影响，很多公共事件的真相不断反转已经说明了这一点，只是很多民众出于感情用事而不愿意承认这

一点而已。

表2-5显示，高达44%的体制内机构人员认为群体性事件频发的原因在于"群众不明真相"，这其实已经说明了处于转型期的社会民众心理在一定程度上被非理性行为绑架了，也说明了社会上确实存在不明真相的普通民众甘于被不法人员煽动，他们总以为完全的"透明化"处理就能够得到所谓的"真相"，其实古今中外根本就不存在完全透明化的处理公务事件的方式，因为问题的表象并不代表问题的实质，一旦问题被不法人员利用就会形成绑架全社会的不利局面，所以高达50%的体制内机构人员反对公共事件的完全透明化处理是有着深层次的考虑的，因此如何与社会上普通民众进行沟通是摆在所有公务人员面前的艰巨任务，这直接关系到国家的长治久安。由于我国实行的是中国特色的社会主义制度，宪法规定广大人民群众是国家的主人，因此公务人员的瑕疵理应得到广大人民群众的包容，与此同时，公务人员也应该用耐心的说服工作取信于民，只有这样才能够使体制行政行为在一定程度上得到社会公众的包容，也唯有如此社会主义建设事业才能够蓬勃发展，否则必定会造成整个社会的撕裂，也有损于广大人民的根本利益。

但是，公务人员不能把社会公众的包容当作行政不作为、乱作为的借口，一味地打着"为人民服务"的旗号，实际上却干着损害社会公众的行为。我国体制内人员本身也存在着各种各样的不健康思想，更有不少体制内人员把国家提供的服务人民的平台异化为利益输送的工具，从而在工作中存在利己主义动机与行为，严重地危害了党和政府在广大人民心中的形象。例如，表2-5中显示，体制人员对一些很明显的利益输送现象存在认知偏差，使得本来异常清晰的资金管理却被人为地模糊化了。本来国家财政预算结余来自预算弹性，多退少补是国家财政的正常事情，可是在实践中却被异化为集体奖金，突击花钱、无目的花钱等现象屡禁不止，最终竟然演变为部门利益输送攀比现象，高达53%的人员赞成保留部门特殊福利，51%的科研人员认可科研经费属于劳动所得，这些数据说明体制人员的认知偏差已经相当严重了，久而久之竟然把一些不当获利行为异化为部门潜规则，而对国家各种法律法规则茫然处之。

其实，体制内外人员的观点差异究其根本还在于体制内人员与体制外人员所处的位置不同，而观察社会问题的视角不同就会带来不同观点的差异，因此体制内外人员的换位思考有助于社会各种问题的有益沟通，也有助于体制内外不同观点的碰撞与交流。当然，整个社会问题的解决还是应该回归到"依法治国"的思路上来，任何人为的阻碍最终不仅模糊了事情的本来面貌，更不利于党和国家光辉形象的树立与保持。令人可喜的是，34％的体制内人员认同执政方式的现代化潮流，更认同中国特色的社会主义建设事业，他们不忘初心，高举"民主"与"科学"大旗，通过公开透明的处理方式取信于民，使得广大人民群众增加了获得感与满足感，如此就能够不断提高党和政府在人民群众中的形象，也能夯实中国特色社会主义建设事业根基。

二、体制主体信用缺失行为的敬畏意识不足

正如上面论述所指出的那样，体制内人员信用缺失行为发生的本质原因还在于敬畏意识的缺失，正如习近平总书记 2013 年 8 月在辽宁考察时所指出的那样，各级领导干部在做任何事情的时候都要明白"举头三尺有神明"，这里的神明自然不是玉皇大帝、阎王、菩萨以及各路大神等，而是社会舆论、党的纪律、国家法律以及人民群众的根本利益等。他要求各级领导干部要把深入改进作风与加强党性修养结合起来，自觉讲社会信用、懂规矩、守纪律，襟怀坦白、言行一致、心存敬畏、手握戒尺，对党忠诚老实，对百姓忠诚老实，做到台上台下一个样，做到在任何时候、任何情况下都不越界、不越轨。

我国老一辈无产阶级革命家心中怀有敬畏意识，无论在社会主义革命时期还是在社会主义建设时期，都能够把人民的利益放在心中，任何事情的出发点都秉持"一切为了人民、一切服务人民"的宗旨，从而能够带领人民群众渡过惊涛骇浪，这就使得人民群众在任何恶逆环境中都能够围绕在党和政府的周围。他们赢得了广大人民群众由衷的信任，其中最本质的原因就是心中始终有人民的利益，认为手中的权力来自人民也必须服务人民，时刻做到言行一致，承诺掷地有声。

然而，随着改革开放的深入，各种非无产阶级思想不断入侵，落后的资产阶级腐朽思想不断蚕食人们的社会主义意识形态，这使得抵抗能力差的人员在心中逐步滋长了各种自私自利的思想，他们认可"人不为己天诛地

灭"的封建残余思想，在行动中有了唯利是图的动机，于是很多人员异化为精致的利己主义思想的信徒，严重地危害着党的事业、国家的发展与人民的福祉。尽管社会上存在的各种道德说教都倡导诚信诚实处世，但是毕竟人们心中缺失了对"诚信"的敬畏感，所有的社会信用只得取自自身内心的自觉与外在行政司法主体的惩罚了。一旦有充分的把握能够逃脱行政法律处罚，就没有足够的动力实施社会信用行为了，而借助信用缺失行为获利的念头就会无任何心理障碍地占据上风。

调查数据显示，仅仅17%的现有体制内机构人员内在心灵中存在畏惧惩罚的心理，61%的人员根本无视惩罚的存在，这种没有敬畏之心的人本质上存在极强的投机心理，总认为自己的行为很隐蔽难以被发现，即使被发现也认为是自己的运气不佳，更会认为是自己得罪了人的原因，而并没有认为党的纪律与国家的法律无处不在，也不认为人民的眼睛是雪亮的，因此笔者更能体会到习近平总书记语重心长的教诲是多么及时，也更加意识到"不忘初心"所蕴含的深刻理论价值与革命实践意义。由于缺乏对任何"神明"的敬畏，所以对所有信用缺失行为的惩罚只能够依赖于司法机构了。在惩罚力度不彰的状况下信用缺失带来的利益就自然而然地成为诱惑了，极个别体制主体的所作所为就逐步蜕化为远离人民福祉的长官意志行为了，甚至于信用缺失带来的经济收入的多少成为度量体制内人士"成功"与否的唯一标准，遵守规章拿"死工资"的体制内老实人却被当成事业"失败"的象征，真正的社会诚信执政行为反而成为少数人眼中可有可无的点缀品了。由此可见，重铸体制内主体成员心中的社会信用敬畏感已经到了刻不容缓的地步，否则任何治标措施必将难以在人们心中生根发芽，更不会产生标本兼治的效果。即使是极少数体制内人士也会带来难以预料的后果，短期改观长期反弹的现象便会不断上演，如此恶性循环就会使共和国大厦产生"千里之堤毁于蚁穴"的效应。

三、体制主体信用缺失行为的惩罚缺失

尽管植根于心灵深处的信用意识对人们的社会信用行为的约束发挥着难以替代的作用，但是除了信用意识特别坚定、内心特别虔诚的人之外，绝大多数人都难以在惩罚缺失的环境下始终如一地坚守，毕竟人生活在世俗

社会中，不是生活在远离烟火的神仙世界中，世俗社会中各种各样的私心杂念不断搅动着人们平静的心灵，在社会主义建设初级阶段人们难以做到无监督一尘不染。大量事实证明，在法治不彰、惩罚缺失的社会环境中，无论理想多么崇高、意志多么坚定的人都难以独善其身，我国在改革开放初期存在的领导干部违纪现象已经充分地说明了这一点，也正因为如此我国各级党组织才强调"警钟长鸣"的重要性，从来没有放松对党员的纪律监督，从而保证了我国社会主义建设肌体的健康发展。

由此可见，世俗社会里强有力的外在信用缺失惩罚才能够对整个社会的信用缺失形成威慑，在此基础上结合内在社会信用意识的加强才能发挥出综合乘数效应，最终才能够使得社会信用信仰深厚地植根于人们的心灵之中，社会信用缺失问题标本兼治的目的才能够实现。调查数据显示，在"伸手必被捉"的威慑场景下，几乎所有体制内人员会选择社会信用行为，但在现实实践中总会存在漏网之鱼，这使得我国体制内极少数人并不认为信用缺失行为一定会受到惩罚。缺乏敬畏意识也使得信用缺失主体不会存在任何良心的折磨，如此自然就会导致体制主体行为存在"任性"的空间，任其发展下去势必会导致整个社会的沉沦。虽然，只有很少一部分人员选择了信用缺失自利行为，但是古老淳朴的"小洞不补，大洞吃苦"警句所蕴含的哲学思想已经昭示了问题严重的危害性，切切不可因小失大、养痈成患。事实上这种信用缺失问题已经得到了各级组织的充分重视，并且各级组织采取了各种措施清理社会上各种不健康因素。例如，苏联信奉着人类有史以来最为先进的共产主义思想，并且有着占据全国人口总数五分之一的党员，但是总数达到2 000万人口的无产阶级先锋队员依然没有能够抵挡住各种腐败思想和物质利益的诱惑，各种执政特权从地下渠道堂而皇之地公开出现在社会的各个角落里，体制主体严重违背人民嘱托的信用缺失行为层出不穷，惩罚措施的若有若无更是催化了信用缺失行为有恃无恐地发展，最终使其失去了整个社会的信任而黯然走下了历史舞台，直接导致国际共产主义运动陷入了低谷。我国社会存在的严重腐败现象也不断给中国共产党敲响了警钟，警钟长鸣才能够使党和政府保持鲜活的动力，先进的共产主义思想才会永远成为世界上人类发展的明灯。然而，对动辄贪腐百万、千万甚至上亿元人民币的犯罪嫌疑人判刑不够严厉，加上"同罪不同刑"的客观事实的存在更是坐实了司法惩罚的选择性现象，尽管这些现象属于社会治理中的极少数现象，然而这些事实都说明了党领导的反腐运动是多么及时、多么正确，说"挽救了国家和挽救了党"一点也不为过。

总之，无论是多么虔诚的宗教思想灌输出来的教徒，还是马克思列宁主义武装起来的共产主义者，如果缺乏一个设计科学的惩罚机制作为坚强后盾的话，那么再强大的信用意识最终也逃不脱信用崩溃、信用缺失现象满地的结局。华人为主的新加坡与我国香港公务员廉政制度的现实实践也为此提供了最有力的事实证据，这两个地区公务员制度设计的最大看点便是廉政奖励贪腐惩罚制度，制度设计的特点在于奖励足够大、惩罚足够厉害，并且配合以道德信用教育打造出廉洁高效的公务员队伍，所有这些都是值得我国各级政府部门认真借鉴的。

四、体制主体人员的身份认知错置

由于我国体制内机构人员绝大多数都具备中国共产党员的身份，而中国共产党是我国社会主义建设事业中的核心领导力量，显然体制内人员的言行举止直接关系到党和政府的形象，绝对不能把体制内就业岗位特别是公务员岗位混同为西方国家的公务员岗位，更不能把体制内就业岗位简单地类比为就业谋生的手段。他们在日常工作生活中理当承担更多的社会责任，更应该在工作生活中时刻注意自己的言谈举止，他们在社会交往与现实工作中是党的政策宣传员与革命的鼓动家，自然应当在各种交往与工作中坚守党的初心，时刻注意自己的身份与形象，否则任何信用缺失行为都有可能被认为是党和政府所默认的行为，由此也给党和政府的形象带来难以估量的损失，高达72%的人认可体制主体的信用缺失行为存在示范效应的事实足以说明这一观点。

然而，令人忧心的是，目前我国体制内少数人员对自己的身份存在严重的认知错置，把自己的言行举止简单化为普通从业人员的言行，根本没有意识到自己身上所承担的社会责任，更不会想到自己的言行直接关系到党和政府的形象。调查数据显示，仅有35%的体制内人员意识到自己本身的言行举止肩负着社会责任，但是有近50%的人员把自己混同于普通老百姓，另有20%左右的体制内人员对自己的身份认知感到茫然无措，所有这些都说明我国绝大多数体制内人员存在严重的身份认知障碍。

"一屋不扫,何以扫天下",中国共产党的光辉形象就是由一个个党员的平常工作行为铸就的,当然也可以被一个个党员的不良行为点点滴滴地吞噬掉。毋庸讳言,由于各种各样的主客观原因,党员的形象已经没有新中国成立之初那么光鲜了,党的光环上已经出现了各种不健康"色斑"了,究其原因就是党员群体中有少数人已经忘记了党的初心,甚至于入党的动机都赤裸裸地异化为获取社会政治经济地位。如果都这样,党员怎么可能成为社会上具备较高道德水平的人群呢?虽然这些人占有的比例极低,但是中国共产党是一个拥有9 000多万党员的世界第一大党,相对比例小但实际数目不可忽视。这也说明习近平总书记提出的"不忘初心"是多么及时,论述是多么准确,正可谓是对症下药的及时雨了。

第三节 体制角色信用缺失的治理分析

一、体制主体信用缺失治理的标杆效应

由于我国各级政府部门具备强大的社会公共事务处理能力,也连带承担了处理事务不当所带来的负面风险与责任,群体性事件的不时发生还会严重损害党和政府的执政公信力,而党政机构的公信力建设不是一朝一夕的事情,但损害确实是一瞬间的事情,这就是所谓"打江山不易,守江山更难"的精髓所在。我国历史长河中的封建王朝明君们都明白这一道理,也由此开拓出历史上可圈可点的汉朝文景之治,唐朝贞观之治与开元盛世,明朝的洪武之治、永乐盛世与仁宣之治等,当今我国是共产党执政的社会主义国家,自然有理由做出更加辉煌的成就来报答人民的信任。

党政机构的一言一行都直接关系到党和政府的形象,直接对老百姓的行为存在导向性示范效应,因此在政策制定和执行时必须把政府公信力建设放在首要位置。中国特色的社会主义国家意志本质上体现的是党的意志,各级政府机构都可以看作党的形象代言人,微小信用缺失行为的长期累加效应势必给党的形象带来巨大的杀伤力。老百姓不仅会从体制机构的行为中感受党和政府的社会信用,更会从党政机构从业人员的言谈举止中感受到,所以社会上显然不能也不会把体制主体等同于其他任何社会主体,也不会把体制人员等同于其他就职人员。事实上,整个社会都把体制主体工作人员当作"国家干部",事实上体制人员也确实自带着国家干部身份,绝大多数人民群众都对体制内人员存在一种天然的信任感与尊重感,更认为他们的言行举止直接关系到党和政府的形象,他们的信用缺失行为通过人际的口口相传所产生的放大乘数效应绝对不是人们所能够想象的,由此所带来的蝴蝶效应更难以估量,甚至可以搅动整个行政体制。

由此可见,在中国特色社会主义建设的关键时刻,果断地处理一批足以

对社会产生巨大影响的大案要案，就能够树立党和政府的权威。"从严治党、从严执政"的宣誓绝对不止于口号，而应是切实看得见、站得稳、行得正的实际行动。例如近年来为纠正冤假错案所实行的国家赔偿制度就已经在社会中形成了很好的标杆效应，这告诉整个社会，无论社会地位多高的机构与人都必须尊重事实，如此在不断提高体制机构道德底线的同时也提高了整个社会的道德底线，体制内主体的社会信用标杆效应就能够使得社会风气在短时期内得到明显好转，最终为整个社会信用缺失问题的治本换取更多的时间与腾挪空间。

二、体制主体信用缺失惩罚的威慑效应

在中国特色社会主义建设的攻坚阶段，社会上各种矛盾所涉及的利益主体所处的位置不同，加上别有用心的各种敌对势力与不同群体力量的推波助澜，很多本可以被扼杀于萌芽阶段的事件最终演化为群体性事件，这些不时出现的群体性事件给整个社会带来了特别恶劣的影响。尽管出现这些情况的原因有很多，但是社会信用缺失不能不说是主要的原因之一。所有这些都应该引起各级政府机构与人员的高度重视。究竟为什么社会信用道德水平会面临前所未有的质疑呢？虽然不排除别有用心之人的蓄意煽动抹黑，但是不可否认的是政府相关部门在处理很多敏感事件时存在不尽如人意的地方，个别害群之马的所作所为使得政府的公信力受到前所未有的伤害，视党的原则为儿戏的作为更是伤害了普通群众的切身利益，法律条文、规章制度不断地被曲解直至支离破碎，导致整个事件处理过程中都存在挥之不去的权力寻租的嫌疑，给党和政府带来了难以估量的损失，严重阻碍了中国特色社会主义建设事业的发展，长此以往势必在群众心中形成真相误判与假象真信的路径依赖，所有这些都会给党和政府添加巨大的信用缺失成本，这可以从目前我国政府的海量维稳成本数据中得到佐证。

显然，行政行为的社会信用缺失问题非一日之寒，任何毕其功于一役的治理想法都注定是失败的，唯一可行的办法是通过治标赢得治本的空间，最终达到标本兼治的战略目标。持久性的信用缺失治理战略不代表不进行任何暴风骤雨似的运动式治理，通过对典型案例的处理可以起到短期震慑效果的事实，不仅可以为政府赢得社会信用声誉，而且可以震慑社会信用缺失

潜伏者，同时还可以传达政府社会信用治理"动真格"的决心，既能够使政府相关机构自觉在行动中规范自己的行为，又能够使广大群众体会到政府行政部门的巨大意志与决心。

调查数据显示，70%的人认为社会信用缺失治理突破口应该选在体制主体身上，而仅有23%的人认为体制外主体可以选作突破口。显然，这是由于体制内主体位高权重，他们的言行举止势必得到全社会的持续关注，任何针对体制主体信用缺失的处理所带来的聚焦效应势必对整个社会产生放大效应，更为重要的是以体制内机构为突破口能够给全社会传递信用缺失治理的决心，达到的效果可以从我国近年来掀起的反腐运动所产生的社会效果得到证明，我国党风政风行风都有明显好转则提供了最为直接的验证，中共在建政初期处理了刘青山和张子善两位违法"功臣"所产生的震慑效应至今依然引为经典。反之，我国仅仅从体制外机构入手来处理的话，对于人微言轻的主体的处理本身就不会引起社会的关注，处理得不好还会带来灯下黑效应，即专门"拍苍蝇"不敢"打老虎"，最终的结果只能使权力寻租效应越发严重直至不可收拾，整个社会的信用缺失问题不但不会减轻反而会得到加强，到头来正能量没有得到累积，负能量却得到逆向成长的空间。

三、社会信用缺失的司法治理保障效应

任何社会问题的治理都离不开司法保障，没有司法保障的信用缺失治理最终将导致行政权力的任意扩张，更可能导致行政权力本身的疲劳与衰竭，最终不仅连带整个社会走向行政化、官僚化，而且还会使行政权力污名化，最后导致社会信用缺失损害得不到司法及时的救济。无论是作为国家权力意志行使的机构，还是作为社会公平正义的最后保护神，公检法司公平公正公开的运作直接关系到社会信用建设的信心，更关系到党和政府在广大人民群众中的形象，这对于有志于长期执政的中国共产党来说显得尤为重要，甚至会关系到整个执政党的生死存亡。

社会信用治理的主体主要是体制内主体，他们在社会信用建设中发挥着领导作用，自然就必须做到"有法必依、执法必严、违法必究"，否则势必难以胜任社会信用缺失问题的治理责任。长期以来我国存在个别行政工作人员对法治建设的认知模糊现象，加上不时在司法实践中出现个别行政干预

现象，使得社会上误以为行政干预现象是普遍现象，长久下去不仅仅拖累司法本身的公平信誉，更会使行政机构不堪重负。显然，如果司法信用也出现社会信任危机的话，那么整个社会信用问题的建设就是一句空话了，所带来的社会信用缺失问题势必会对我国经济社会建设产生不良影响，最后整个社会都不得不为之付出昂贵的成本，而"塔西佗陷阱"[①]一旦形成就会迅速发挥路径依赖效应，所有这些都不利于执政党的威信树立和长期执政的宏大目标的实现。例如，很多群体性事件是司法处理不及时、不透明、不公正所导致的，从理论上说这本来与政府并没有密切的关系，甚至没有一点事实上的关系，但是处理不当的责任却推卸给政府。拖欠农民工工资问题一再上演，本来拖欠工资问题和政府并没有密切的关系，但是中国特色的社会主义国家的国情导致任何司法失职的责任都一股脑地被强加到党和政府身上，如此日积月累的效应只会使党和政府承受本不该承受的执政负担。

整个社会对体制主体寄予了很多期望，调查数据进一步地佐证了这种观点，很多人认为农民工工资问题的解决关键在于党和政府，这就说明了党和政府始终是人民群众利益的坚定捍卫者，也是广大人民群众利益的代言人。司法机构作为党和政府直接领导的权威机构，在维护人民群众的利益上更应该敢于执法，从而达到维护最广大人民群众的利益目的，从而使得每个案件的执行都能够体现出公平公正公开，使得人民群众能够从每个案件中感受到党和政府的温暖。由此可见，我国特殊的国家体制更需要司法机构的高效运作，只有这样才能替党和政府筑起坚实的防火墙，从而达到司法刚性换取政府柔性的目的，唯有如此才能使党和政府轻装上阵，在政策制定与执行上达到伸缩自如的境界。

四、信用缺失的媒体监督效应

显然，社会信用建设的关键主体是体制内机构及其人员，而由于任何参与建设主体都有自己的切身利益，人性的弱点使得任何人都不愿意接受全方位的监督，本位主义立场更是使体制内主体之间的监督存在松动的空间，归根到底，体制内人员也难以完全接受全方位的监督。高达57%的体制内

---

① 塔西佗陷阱指当政府部门或某一组织失去公信力时，不论说真话还是假话，做好事还是坏事，都会被认为说假话、做坏事。

人员认为透明执政仅仅是梦想,当下不具备执行的可行性,公职人员财产公开迄今没有实现的事实已经充分说明了这一点。绝对的权力会导致绝对的腐败,权力所有者往往成为权力寻租的主体,而利益相关者为寻租权力愿意付出对等的成本代价,加上司法事后监督的滞后特性,使得社会信用缺失问题难以得到及时的纠正和矫治,社会只得被动地承担信用缺失所带来的成本。例如,目前党和政府正在进行的关系国家前途的反腐倡廉运动,本质上就是权力不受制约带来的政府官员信用缺失行为连带政府形象受损的结果,贪腐犯罪不仅仅给国家带来了难以估量的经济损害,也给党的形象带来了难以挽回的恶果。

那么,究竟为什么我国会不时出现某些机构大面积的腐败窝案行为呢?为什么不时会出现大规模的经济诈骗案件呢?难道仅仅是信仰不坚定、道德水准差导致的吗?我国不断完善的法治系统给我国政治文明建设、市场经济健康发展提供了强有力的保障,但是再先进的法治监督也是事后监督,绝无可能事先进行奥威尔式的道德审判,那样就违背了监督的真实含义了,更会带来腹诽之罪一类大规模的冤假错案。那么如何才能尽可能地压缩危害社会的信用缺失行为空间呢?显然,无权无势的群体是没有能力也没有胆量挑战司法底线的,古今中外大量历史事实都证明政策法规的首要挑战者是极少数不法权势群体,而加强对权势群体的有效监管就是政治文明的永恒课题与进步标志。

由于权势群体最在乎的莫过于本身的"名誉"了,累积起来的"坏名声"轻则引起社会戾气沸腾,重则引起社会骚乱,如果任其发展使得少数权势集团坐大而无法无天,最终就会绑架整个体制主体群体为之买单,因此要能够在及早发现问题苗头时即让第三方无利益关系的媒体介入,毕竟阳光才是一切腐败分子的有效治愈剂。调查数据显示,高达80%的体制人员认为舆论曝光比例越高,那么违法乱纪行为就会越少,更有60%的体制人员认为公开透明的收入可以有效地杜绝职务额外的灰色津贴。换句话说,新闻媒体通过不断地"扒粪"行为,至少可以提高少数行政机构主体人员的信用缺失信息封锁成本,这势必使得权势群体付出巨大的政治经济成本,从而可以达到最大限度地减少权力寻租行为的目的。所有这些都是媒体人能够发挥事前作用,而司法机构显得"无能为力"的原因。

但是,必须明白的是,媒体监督不能脱离司法监督而存在,而解决问题又不能仅仅寄希望于媒体监督,因为只有司法监督才能够达到最终的正义伸张。司法监督和媒体监督作为社会信用建设的两翼缺一不可,任何企图避开媒体监督的社会信用体系建设必将会如海市蜃楼般破灭,正如任何想回避司法监督的媒体监督一样,不会产生显著的效果。

五、社会信用道德信用的底线效应

虽然我国古代就有"仓廪实而知礼节"[①]的实用现实主义主张,但是更有基于信用信仰坚定的"饿死事小,失节事大"的理想主义立场。古今中外数不清的经典案例见证了信仰的力量是无穷的,一个具备真正信仰的民族所迸发出的力量是难以估量的。基督教、犹太教、伊斯兰教、佛教等都给信众心灵打上教义的烙印,宗教的力量甚至在一定程度上可以达到主宰信众的地步,真正虔诚的宗教教徒是可以为信仰而殉道的。由此可见,为了能够有效地进行社会信用建设,有必要在全体人民中建立社会信用信仰的道德高地,在全社会中树立崇高的社会主义与共产主义信仰,如此方能在我国社会中形成共同的社会信用风尚。

调查数据显示,我国70%的人认为如果没有社会信用的道德底线的话,那么再严厉的措施终将昙花一现,这就是说要达到持久的社会信用信仰效应,就必须在人们心灵深处植下社会诚信之根。早期中国共产党人为了心中的理想能够义不容辞地抛头颅、洒热血,可以说没有这些理想主义者的坚定信心是难以想象新中国的成立的。如果仅仅为了经济利益,他们根本没有必要冒着生命危险,因为这些革命者有很多出生于富裕家庭,根本不存在为了功名利禄的行为动机。在社会主义建设年代也涌现出很多可歌可泣的英雄儿女,同样,支撑他们的绝对不是高官厚禄而是一种高尚的共产主义信仰。令人遗憾的是,近年来在中国特色的社会主义建设事业进程中,虽然经济建设取得了令人瞩目的成就,但是不可否认的是精神文明建设出现了一些不尽如人意的地方,社会信用道德的原则也受到了一定程度的忽略,导致

---

① 春秋时期军事家管仲创作的一篇散文《管子·牧民》的原文中为"仓廪实则知礼节,衣食足则知荣辱"。西汉史学家司马迁在《史记·管晏列传》的引文中把"则"改成了"而",就有了"仓廪实而知礼节,衣食足而知荣辱"这一名句。

一些信用缺失行为得不到及时的惩治，甚至在某些人那里异化成为"智慧"的象征，个别短视逐利行为更是加剧了信用缺失的传播效应，最终的后果只得由全社会普通无辜百姓来承担。个别性的社会信用缺失却被泛化为群体性的信用缺失，使得正常的社会交往难以进行，市场经济原则更是受到践踏。

显然，无论司法监督还是媒体监督都属于外在的监督力量，但是外因要能够长久地发生作用必须仰仗植根于人们心灵中的社会信用基因，否则对于一个毫无社会信用道德底线的社会来说，再多的惩罚制裁也仅仅能短期见效而没有任何长久的效果，只有人们真正能够在内心深处植根社会信用道德底线，社会才能保持持续的社会信用道德基础。构建欣欣向荣的政治稳定经济发展的信用社会首先必须要有道德基础，正如成语"皮之不存，毛将焉附"所诠释的那样，社会信用道德底线是一切工作之"皮"，其他一切工作都是"毛"，没有道德底线之"皮"，所有的工作充其量不过是信用缺失行为的裹尸布，任何社会信用激励与惩罚机制都难以持久地发生作用。其实，这一点也得到了相关调查数据的支持，更为西方国家的社会实践所检验。一个对信用缺失行为没有道德羞耻感的民族是没有前途的民族，只有建立起社会信用缺失道德底线的社会才能得到提高，所以要通过教育来提高整个社会的道德水准，从而达到不断垫高整个社会道德底线的目的。

第二章　社会信用缺失问题的体制因素分析

第四节　体制角色信用缺失的治理对策

社会信用建设是一个系统性工程,任何企图一蹴而就的思路都是注定会失败的,但是不能因为点多面宽就感到问题复杂难以解决,就认为无可奈何地"躺平"心态最为现实,更为现实的解决思路就是采取重点突破和点面结合的方法,采取司法监督、媒体监督以及最广大人民群众积极参与的监督方法,在时间与空间上不断积极努力达到短期治标、长期治本的目的,最终克服旧有思维路径依赖,开拓社会主义社会信用建设新的路径依赖。

总之,本书研究是在社会信用的心理认知调查数据基础上展开的,分别对社会信用认知、体制主体社会信用表现的社会认知、社会信用建设的体制主体角色等进行分析,指出体制主体是我国社会信用建设的主力军,担任社会信用缺失问题治理的关键角色,在此分析基础上对我国体制主体信用缺失的原因进行了剖析,并且提出了体制主体信用缺失治理的对策。

第一,体制角色依然是我国社会发展的引领者,也是社会各项建设的社会信用践行标杆。在中国特色社会主义建设进程中,体制角色担任着整个社会建设的重要角色与关键角色,承载着广大人民群众的期望,这一点是中国特色社会主义建设国情所自带的,并且也得到了社会广大人民群众的认可。事实上,整个社会的心理认知也认同这一点,因此在社会信用缺失治理过程中一定要聚焦于体制主体的社会信用,只有这样才能够提振整个社会信用建设的信心。以习近平总书记为首的党中央发动的反腐败运动正是践行社会信用的最高表现,也是中国共产党人践行社会信用不忘初心的具体行为表现,其所作所为已经得到全国人民的衷心拥护,也得到了世界不带偏见的有识之士的大力赞赏,这些都说明了体制机构与人员的言行举止对整个社会发挥着龙头作用,任何试图忽略龙头作用的思想都是极端错误的,不仅在理论上是荒谬的,而且在实践中也是有害的。

第二,充分发挥司法监督与媒体监督的作用,从而使全社会形成"信用缺失行为必然受罚"的震慑效应。信用缺失的本质无过于追求信用缺失利益,但是又尽量回避由此带来的信用缺失成本,更不愿意承担信用缺失的风险。因此只有充分发挥司法监督执法力量,使所有社会信用缺失行为都得到应有的惩罚;叠加社会媒体的时空监督作用,使任何社会信用缺失行为无所遁形;如此就使得社会信用缺失不法行为付出巨大的社会成本,这种代价不仅仅是短期的支付,而且包括长期的声誉损失,直接关系到当事人的生死存亡。

第三,大力加强社会主义道德思想教育,使社会信用意识植根于全体成员心里,从而在思想上筑起抵御信用缺失行为的防护网。尽管司法监督可以使违法信用缺失行为得到惩罚,但是惩罚毕竟是事后行为,况且社会上数量庞大、种类繁杂的信用缺失行为难以全部通过司法机关得到解决,甚至很多信用缺失行为根本就不属于司法机关受理范围,仅仅属于道德层面而不需要承担任何司法责任,因此,只有在道德意识上构建起社会信用防火墙,把社会信用当作一种为人处世的基本要求,把信用缺失看成严重违反社会道德的耻辱行为,那么必然就会形成整个社会的思想防御长城,真正达到防患于未然的目标。

第三章
基于社会信用缺失监督机制的驱动逻辑分析

第三章　基于社会信用缺失监督机制的驱动逻辑分析

第一节　社会信用缺失监督机制的驱动逻辑分析

一、社会信用缺失行为关系分析

古今中外大量事实说明社会信用的力量是无穷的,世界上各种主流宗教的教徒,如基督教、伊斯兰教、佛教等教的教徒,他们的一言一行都会打上社会信用的烙印,烙印的深浅显然取决于信用信仰的虔诚度,越虔诚的教徒就越能自觉地用社会信用来约束自己的言行。虽然有的时候客观环境的限制导致难以张扬自己的信用信仰,但是植根于心灵深处的信用信仰意识并没有消失,仅仅是由于某种限制而采取暂时隐藏的行为,一旦时机成熟、条件许可便会立即显示出来,这就是说信仰的力量是难以撼动的,甚至于达到不受时间、空间的限制的程度。正如我国成语"江山易改,本性难移"所揭示出来的朴实的道理那样,作为一种信仰的社会信用意识形态,也会不断地从灵魂深处对社会个体进行洗礼,这无疑将对社会个体的社会信用行为发生潜移默化的作用,物化主义者的行为导向便是本身利益最大化,利益达到就可以放弃自己曾经的信仰,而理想主义者则遵从自身的内心召唤以进行自身的社会信用选择。

显然,在一个"视信用缺失得利为荣"的社会信用环境里,我们难以想象社会个体能够具备坚定的社会信用信仰。古今中外大量学者都对社会信用问题进行了划时代的论述,这说明了道德情操、社会信用对于社会建设来说是多么重要。英国著名学者杰西·洛佩兹和约翰·斯科特在合作撰写的著作《社会结构》[①]中认为,社会结构稳定的基础在于社会群体的社会信用。著

[①] 《社会结构》是一本由杰西·洛佩兹、约翰·斯科特合著的图书,全书分六章,介绍了何谓社会结构,将社会结构概念化、制度结构、关系结构、结构的层次和具象结构。该书由允春喜译,吉林人民出版社2007年出版。

名古典经济学家亚当·斯密在经典著作《道德情操论》①中认为,商品经济不是简单的贸易问题,灵魂深处深植的社会信用行为是商品经济运行的基本道德要求,否则再好的市场设计都不可能发挥出社会的经济活力。我国著名思想家梁漱溟先生在著作《乡村建设理论》②与著名社会学家费孝通先生在著作《乡土中国》③中都对中国乡土社会进行了深入的研究,研究认为中国社会乡土稳定的最基本因子便是社会信用因子的传承,中国社会历史证明社会信用意识的淡薄必然会导致整个社会的崩溃,可以说社会信用意识状况是社会是否稳定的指示器和晴雨表。

近年来我国很多学者都对社会信用与法律秩序之间的关系进行了分析:郭忠(2012)对法律秩序和道德秩序的相互转化关系进行了详细分析,指出我国当前法律执行存在的关键原因就在于社会普遍弥漫的社会信用危机,构建法治秩序的前提是夯实社会信用基础。与此同时,我国学者景枫(2005)和李松(2011)等研究认为社会信用缺失的本质在于社会信用危机,由此重塑社会信用是解决信用缺失现象的最本质问题。总之,社会信用信仰意识犹如社会个体在社会交往中的方向盘,缺少社会信用意识的社会就像丧失了前进的灯塔,到头来任何社会个体都会丧失前进的矫正器。尽管外界社会信用缺失的强力监督可以在短时期里产生治标的作用,但是要想长期保持整个社会的社会信用意识的坚持,就需要具备抵御信用缺失不正当得利诱惑的能力。

众所周知,社会信用意识形态是内因,而任何外界社会信用缺失的强力

---

① 《道德情操论》是英国思想家亚当·斯密创作的伦理学著作,首次出版于1759年。在该书中,斯密用同情的基本原理来阐释正义、仁慈、克己等一切道德情操产生的根源,说明道德评价的性质、原则以及各种美德的特征,并对各种道德哲学学说进行了介绍和评价,进而揭示出人类社会赖以维系、和谐发展的基础以及人的行为应遵循的一般道德准则。该书是情感伦理学的早期代表作,对现代西方情感主义伦理学有重要影响。本文参考的中译本由周文译,中国三峡出版社2009年出版。

② 《乡村建设理论》在1937年首次由邹平乡村书店出版。本书是梁漱溟先生社会政治思想的代表作,梁漱溟自称其是"困勉研索的结果","这里面的见地和主张,萌芽于民国十一年,大半决定于十五年冬,而成熟于十七年"。本文参考的版本由上海人民出版社2011年出版。

③ 《乡土中国》是当代社会学家费孝通创作的社会学著作,首次出版于1948年。《乡土中国》是费孝通著述的一部研究中国农村的作品,本文参考的版本由生活·读书·新知三联书店2013年出版。

监管都是外因,外因只有通过内因才能够发挥作用,否则任何暂时的强力监管外因都难以深入到内在世界中去,也就难以持久地保持社会的社会信用行为的强力监督力量,任何一点风吹草动必然摧毁整个社会信用之基。但是,由于我国改革开放以来大量资产阶级腐朽思想掺杂进来,叠加我国社会传统上存在大量不健康的"人不为己天诛地灭"落后思想,整个社会并没有做好抵御这些落后思想的准备,客观上存在落后腐朽的拜金思想死灰复燃的空间,所有这些都带来了一定程度的道德滑坡与社会信用意识的普遍淡薄,功名利禄已经压倒性地成为社会上一些人的人生奋斗目标,随之而来的坑蒙拐骗现象也就得到了野蛮生长空间,强制性的外在监督失守所导致的恶果已经在社会各个领域中显现了,虽然数目不多但是影响却很恶劣。在社会上系统性存在软弱的外界社会信用缺失的环境里,很多人产生一种对社会缺失行为的无力感,社会上普遍存在的"明君"心理便是要求强力政府强力措施的反映,即外在的信用缺失监督对社会信用的作用远远大于内在信用意识的作用,从某种程度上来说也是最广大人民群众对党和政府信任的集中体现。基于以上分析,我们在此提出第一个系列假说:

H3-1:社会信用意识形态的虔诚程度与社会信用行为之间存在正向逻辑相关关系,社会信用危机与社会信用缺失行为是相伴而生的。

H3-2:社会信用缺失监督对社会信用表现的影响远远大于社会信用意识形态对社会信用表现的影响。

二、社会信用缺失监督与社会信用行为之间的关系分析

尽管深植于社会个体内心的社会信用意识能够对个人的社会信用选择发生持久的影响,但正如我国号称佛教徒的人不计其数一样,真正能够坚守佛教清规戒律的人却屈指可数,原因就在于大多数人都难以摆脱利益的诱惑与俗世的纷争,真可谓"参佛者众,行佛者稀"。事实上,尽管世界三大宗教伊斯兰教、基督教以及佛教等都视社会信用为做人处世的第一要著,但是在政教合一的中东地区,社会信用并不比其他地区表现优异,相反,在政教分离的欧美国家中社会信用表现则显著优于其他国家和地区,而这些欧美国家社会运行最基本的特征便是严格执法与舆论监督,由此构成了社会信用缺失的强力机构监督与自由开放的媒体监督。前者是基于国家强力机构

的信用缺失惩罚,包括行政监督与司法监督;后者则是基于民间舆论力量的信用缺失谴责与舆论监督。显然,有效的强力机构执法不但可以彰显法治的威严,更能够震慑潜在的信用缺失者,从而为信用社会的运作保驾护航。与此同时,不断加强的舆论监督给信用缺失个体带来压力的同时,也迫使信用缺失个体为了改善公众形象而不得不约束自己的信用缺失行为,从而使得整个社会处于良性信用运作状态中。

从理论上说,信用缺失行为实质上是社会个体信用决策博弈,即信用缺失行为所带来的利益与风险损失之间的博弈决策,这里决策利益基于短期与长期不同的视角而有所不同,继而产生社会信用缺失行为的治标与治本之间的差别。我国学者对社会信用缺失行为的惩罚机制设计进行了较为详细的分析,运用理论与实践对相关问题进行了研究,并且得出了基本一致的结论。许德风(2016)从理论角度研究了现有合同法中信用缺失行为的处理,指出只有加大对信用缺失行为的处罚力度才能够维护社会信用行为的法律尊严,否则合同法还是难以得到全社会的遵守。杜晓燕(2016)运用演化博弈分析技术对当前腐败问题中信用缺失行为进行了分析,指出必要的法律惩罚和舆论传播监督对反腐成效具备关键性的作用,否则要从制度层面杜绝腐败行为是难以达到目标的。袁少锋和刘力钢(2016)则研究了大数据情境下企业社会信用治理机制,指出企业信用缺失行为的治理在于信用缺失信息的舆论监督与法律监督的双重治理作用。李牧(2017)研究了我国现行法律惩罚结构中的冷热机制及其运行机理,指出适当的法律处罚与舆论监督的有机结合是我国目前社会信用建设中最合适的路径。叶凡和方卉等(2017)则从声誉视角讨论了信用缺失监督中的信息传播,指出公开的信用缺失信息传播有助于企业社会信用行为的自我约束,也可以使社会信用缺失行为得到极大程度上的抑制。

值得指出的是,我国宪法规定了中国共产党的执政地位,明确了我国总体奋进目标是建设有中国特色的社会主义国家,由此决定了中国共产党所承担的历史重任及其所带来的执政包袱远超历史上任何时期的执政者,因此社会信用缺失行为的法治建设不仅仅直接关系到整个社会的社会信用运行,更关系到有志于长期执政的中国共产党的光辉形象,行政司法机构的一言一行所传递的决定不仅仅是国家法律意识,更是中国共产党的执政价值观。很多意料之外的小事情经过民间舆论发酵竟然成为社会热点事件，加上别有用心的国内外敌对势力的添油加醋和恶意传播，最终不仅仅毁坏了政府的公信力，更重要的是吞噬了执政党的群众基础。此外，社会信用缺失事件的舆论监督不仅可以对相关参与主体起到监督效果，更重要的是可以彰显执政党的改革开放形象，否则媒体舆论监督缺失不仅阻碍信用缺失信息的传递，还会给社会投射了执政党为信用缺失行为背书的恶劣形象，而以"三个自信"武装起来的中国共产党是不怕任何舆论监督的，任何善意的基于人们利益的舆论监督与党和政府的执政目标是完全一致的，而任何破坏善意的舆论监督的行为势必导致社会舆论的噤若寒蝉，到头来损害的还是广大人民的根本利益。基于上述分析，我们在此提出如下第二个系列假说：

H3-3：行政司法监督和媒体舆论监督存在对社会信用建设的正面逻辑驱动效应。

H3-4：行政司法监督对社会信用建设的作用远超过舆论监督所发挥的作用。

三、内在社会信用信仰与外在信用缺失监督的综合效应分析

正如上述分析那样，企业社会信用行为取决于内在的信仰与外在的监督之间的关系，也就是内在的社会信用信仰与外在的社会信用监督之间的关系。前者是基于植根于内心的主动自觉行为，后者则是基于外在强力机构的被动行为，那么这两者究竟如何综合起来发挥作用的呢？换句话说，内在信用信仰和外在监督究竟如何对社会信用表现发生作用的呢？

辩证唯物主义认为，事情的发展总存在内因和外因，内因是事情发展的主要原因，外因只有通过内因才能够起作用，但是在适当的环境下外因可以起主导作用。由此可见，事情发展的本质在于内因，而适当的外因则可以加快或者延缓事情发展变化的趋势，但是几乎难以改变事情发展变化的方向。显然，社会信用缺失行为现象也不例外，社会信用的信仰危机所发生的效果是持久的，一旦信用缺失意识占据了社会的主流意识形态，那么即使在强力机构打击下社会信用缺失现象短期有所收敛，但是长期来说总是会在合适的土壤缝隙中死灰复燃的。换句话说，无论外界信用缺失监督多么强大，只要社会存在社会信用信仰的持久危机，那么要想能够持续地保持整个社会

的社会信用行为几乎是不可能的。反之亦然,即在信用缺失监督缺失的环境下,无论多么强大的社会信用根基,最终都会被社会信用缺失行为逐步吞噬。换句话说,只有信用缺失监督与社会信用信仰相互配置、持续发力,社会信用行为才可以持续稳健地存在。

为了进一步地分析社会信用与信用缺失监督不同组合社会环境对社会信用表现的共同作用效应,首先运用社会环境强弱二分法对社会信用特征和信用缺失监督特征进行分类,以揭示强弱不同信用监督组合对社会信用建立的影响。这里把社会信用信仰分为强信用信仰与弱信用信仰,把信用缺失监督分为强监督与弱监督,其中强信用信仰代表信用虔诚者,弱信用信仰代表信用动摇者,强监督代表执法严明,弱监督代表法治虚设。由此可知,最完美的组合便是强信用信仰与强监督环境的组合,而最不完美的组合便是弱信用信仰与弱监督环境的组合,介于其间的组合则是强信用信仰弱监督环境与弱信用信仰强监督环境的组合。从理论上来说,如果强信用信仰能够持之以恒地保持下去的话,那么是否存在监督以及监督力度的强弱是无关于社会信用表现的,但是从现实人性的弱点来分析,除了极少数的虔诚的社会信用信仰者之外,绝大多数人是难以在信用缺失监督的环境下保持自己虔诚的社会信用信仰并且贯穿始终的,即无论是强信用信仰弱监督组合还是弱信用信仰弱监督组合,都是不可能持久地保持社会信用的良好表现的,而只有在强信用信仰强监督环境下才能够达到持久保持社会信用表现的目标。于是,我们在此提出如下第三个系列假说:

H3-5:强信用信仰强监督环境组合是社会信用表现最完美的内外环境组合,而弱信用信仰弱监督环境组合则是社会信用表现最为恶劣的内外环境组合。

H3-6:无论是缺乏外在强力监督的强信用信仰弱监督环境组合,还是缺乏内在心灵认可的弱信用信仰强监督环境组合,都难以长期地保持良好的社会信用表现状态。

第二节 研究设计与实证检验分析

一、变量定义与度量设计

为了能够更好地对上述研究所提出的假说进行实证检验,首先准备通过对研究假设的解读,对研究所涉及的变量进行梳理,对相关变量的度量方法进行设计,从而为接下来的构建度量模型与进一步的实证研究奠定基础。

显然,根据上述系列假说 H3-1、H3-2、H3-3、H3-4、H3-5 与 H3-6 的研究内容,结合已有研究文献的分析,可知研究所涉及的变量主要包括社会信用、社会信用与信用缺失危机、信用缺失监督等三个方面的内容,具体变量定义、变量符号表示以及度量方法等如表 3-1 所示:

表 3-1 研究变量含义以及度量方法

变量	变量表示	变量含义及度量
个人社会信用度	$PersonalCredit$	属于社会信用表现指标,分别表示社会对个人、企业、政府部门以及整个社会的社会信用表现的认可度,这里采用《小康》杂志社和清华大学媒介调查中心联合进行的中国小康社会系列指数调查发布的人际信用表现指数、企业信用表现指数、政府信用表现指数以及中国小康信用指数等进行度量,符号分别简写为 PC、EC、GC 和 SC 等
企业社会信用度	$EnterpriseCredit$	
行政社会信用度	$GovernCredit$	
社会信用度	$SocialCredit$	
社会信用虔诚度	$IntegrityFaith$	属于社会信用表现指标,表示社会成员内在心灵中对社会信用的虔诚度和信用缺失行为的危机度,符号分别简写为 IF 和 CC 等。这里采用网络调查方法获取相关数据,共获得有效样本 300 个
信用缺失危机度	$CreditCrisis$	

续表

变量	变量表示	变量含义及度量
行政监督度	*Administrative Supervision*	属于社会信用监督指标,表示政府相关机构、司法相关机构以及新闻媒体相关机构等对社会信用缺失行为的监督力度,符号分别简写为 AS、JS 和 MS 等。由于难以寻找直接指标对这些变量进行度量,因此这里采用寻找代理变量的方法来度量这些变量。这里 AS 可用 CCIR 代理,JS 可用 FCIR 或 CCPR 代理,MS 可用 MCR × PRAE 代理,符号具体含义见下文
司法监督度	*Judical Supervision*	″
媒体监督度	*Media Supervision*	″

资料来源:笔者自制。

表 3-1 中行政监督度表示政府相关机构对社会信用缺失行为的惩罚力度,其本质含义就是政府行政机构面对信用缺失行为的价值取向,这里把《中国工商行政管理年鉴》数据中消费者举报案件查处率(Consumer Case Investigated Rate,简写为 CCIR)作为度量代理变量,数值越高则意味着行政监督力度越大。司法监督度表示公检法司等相关行政机构针对社会信用缺失行为的处罚强制措施,以此反映司法机关面对信用缺失行为的价值取向,这里准备选取诈骗案件查处率(Fraud Case Investigated Rate,简写为 FCIR)和民事案件抗诉率(Cicil Case Protestion Rate,简写为 CCPR)两个指标作为司法监督度的代理变量,前者表示司法机构面对社会信用缺失行为时的执法政策取向,后者则表示司法机构本身的社会公信力,民事案件抗诉率越高就意味着司法判决本身的公信力越低。媒体监督度同样具备两层含义,包括媒体舆论本身的公信力以及媒体舆论监督效果,这里采用媒体社会公信力职业排行榜指标(Media Credibility Rank,简写为 MCR)作为代理变量进行度量,媒体曝光具体实施效果则限于相关数据难以收集的困境,仅仅采用上市公司受舆论曝光之后得到处理的比例(Published Ratio After Exposure,简写为 PRAE)作为度量的代理变量,相关变量数据根据万得[①]和中国知网[②]主要中文报纸数据库中相关数据整理而得。最后,为了对社会信用意识形态进行量化表示,这里把社会信用意识形态分为三类,即社会信用虔

[①] 万得(Wind)是金融数据和分析工具服务商,总部位于上海陆家嘴金融中心。
[②] 中国学术期刊网络出版总库(CNKI)分十大专辑,126 个专题文献数据库。支持知识导航和整刊导航两种导航体系。

诚度、社会信用缺失危机度以及两者之间的灰色意识形态——社会信用缺失不关心度。由于社会信用缺失不关心度不在研究范围之内,因此仅仅考虑度诚度与信用缺失危机度这两种情况。

值得说明的是,为了使指标度量尽可能客观,也为了使实证检验具备更强有力的说服力,这里尽量使用客观数据度量指标,只有在客观数据难以取得的情况下才采取专家判断打分法与调查数据统计法相结合的方法进行度量。由于《小康》杂志社编制的中国小康调查指数是从 2005 年开始发布的,于是研究样本数据横跨年度从 2005 年开始,这样通过整理加工的相关数据覆盖期限为 2005—2018 年共 14 年,因此其他调查数据或客观数据的时间跨度均为 14 年。

限于样本数据少并且样本数据波动小的实际情况,对于缺失数据仅仅采用样本平均值补充的方法进行补充。

二、研究设计与实证分析

由于《小康》杂志社编制的中国社会小康指数是采用百分记分法,这里准备用变量的自然对数作为变量的代理变量,从而方便对计量模型进行回归统计分析,也方便进行相关数值比较分析。

为了实证检验假说 H3-1 和假说 H3-2,现构建如下模型(3.1)和模型(3.2):

$$\ln PC/\ln EC/\ln GC/\ln SC = a_0 + a_1 IF + a_2 CC + a_3 AS + a_4 JS + a_5 MS \quad (3.1)$$

$$\ln PC/\ln EC/\ln GC/\ln SC = a_0 + a_1 IF \times AS + a_2 IF \times JS + a_3 IF \times MS +$$
$$a_4 AS \times JS + a_5 AS \times MS + a_6 JS \times MS + a_7 AS \times JS \times MS \quad (3.2)$$

上述模型(3.1)和模型(3.2)中的被解释变量均可以为 $\ln PC$、$\ln EC$、$\ln GC$ 和 $\ln SC$ 等,模型(3.1)主要检验社会信用意识 IF、信用缺失危机 CC 和行政监督 AS、司法监督 JS、媒体监督 MS 等主要解释变量对被解释变量 $\ln PC$、$\ln EC$、$\ln GC$ 和 $\ln SC$ 的解释力,通过回归系数来说明解释变量对被解释变量的影响方向与影响力的大小。模型(3.2)则着重检验社会信用缺失与社会信用缺失监督等变量的交叉组合变量对上述被解释变量的解释力,同样地也说明影响方向与影响程度的大小。为了避免变量之间可能存在的共线性关系,这里剔除了存在共线性关系的组合交叉变量,而仅仅将没有共线性关系的组合交叉变量放到模型(3.1)中进行分析,具体实证检验结果见表 3-2:

表3-2 模型(3.1)和模型(3.2)实证检验结果

Variable	Model1			Variable	Model2		
	lnPC	lnEC	lnGC	lnSC		lnPC	lnEC	lnGC	lnSC

Variable	Model1				Variable	Model2			
	lnPC	lnEC	lnGC	lnSC		lnPC	lnEC	lnGC	lnSC
Intercept	2.537 7** (0.019 9)	3.307 8** (0.034 8)	3.056 1** (0.037 4)	2.952 8*** (0.027 2)	Intercept	1.301 6* (0.093 4)	1.387 8* (0.082 2)	1.245 7** (0.010 9)	1.315 7* (0.050 8)
IF	3.971 1* (0.073 2)	2.356 0 (0.145 5)	1.846 2 (0.116 6)	2.336 2* (0.087 3)	IF×AS	2.080 7** (0.026 5)	2.462 9* (0.057 5)	1.704 9** (0.032 4)	2.463 0* (0.099 3)
CC	−2.256 4* (0.063 7)	−2.111 7 (0.195 8)	−1.234 8* (0.099 1)	−2.349 0* (0.082 9)	IF×JS	1.797 6** (0.028 9)	2.056 5* (0.064 0)	1.486 1** (0.012 7)	1.027 4* (0.052 8)
AS	3.723 1** (0.024 9)	3.241 2* (0.041 8)	2.267 4* (0.062 3)	2.522 4 (0.088 8)	IF×MS	1.657 2* (0.082 6)	1.066 1* (0.088 1)	1.537 2* (0.076 5)	1.719 0** (0.038 5)
JS	2.272 8* (0.085 6)	2.298 5* (0.030 3)	2.498 4 (0.156 2)	2.815 8* (0.028 4)	AS×JS	3.956 6* (0.061 1)	4.609 7** (0.024 3)	3.381 7* (0.072 9)	4.107 7** (0.019 0)
MS	1.714 4 (0.104 5)	1.938 2** (0.049 2)	1.562 1** (0.031 2)	1.957 6* (0.029 3)	AS×MS	3.242 6** (0.028 9)	3.825 8** (0.071 8)	3.480 7** (0.094 4)	3.302 4** (0.013 1)
—	—	—	—	—	JS×MS	2.634 9* (0.083 8)	2.030 2* (0.090 5)	2.220 4** (0.030 7)	2.227 6* (0.078 2)
—	—	—	—	—	AS×JS×MS	4.826 4* (0.08 6)	5.483 1** (0.046)	3.483 7** (0.006 7)	4.241 2** (0.035 3)
Adjust-R^2	0.373 2	0.340 7	0.295 1	0.414 3	Adjust-R^2	0.636 9	0.641 4	0.690 3	0.636 9

注:表3-2中每一格中上方数值均为回归检验变量系数,下方对应括号里的数值则是检验对应的 $Sig.$ ()数值,数值右上方符号 *、**、*** 分别代表检验在0.1、0.05,水平下不显著。

资料来源:笔者自制。

模型(3.1)检验结果显示,内在信用变量 IF 与信用缺失危机变量 CC 分别对社会信用缺失表现变量 lnPC、lnEC、lnGC 与 lnSC 等被解释变量产生不同的效应,数值显示分别产生正面效应与负面效应,但是外在监督变量 AS、JS 和 MS 等都对社会信用缺失表现变量产生正面影响,这说明我国社会信用表现中外在监督变量发挥着不可或缺的影响,并且相关回归系数数值都超过了社会信用变量回归系数。例如行政监督变量 AS 的回归系数分别为 3.723 1、3.241 2、2.267 4 和 2.522 4,这些行政监督变量 AS 的回归系数加上司法监督变量 JS 和舆论监督变量 MS 的回归系数所得出的数值将分别达到 7.710 3、7.477 9、6.327 9 与 7.295 8 等,而内在社会信用变量 IF 的回归系数仅仅分别为 3.971 1、2.356 0、1.846 2 和 2.336 2 等,这些都足以说明外在所有监督变量对社会信用表现存在巨大的解释力,并且远远超过了内在社会信用意识形态所发挥的作用。进一步分析可知,在模型(3.1)中所有监督变量的回归系数中,行政监督变量 AS 回归系数显然超过了司法监督变量 JS 和媒体监督变量 MS,后两者的回归系数分别为 2.272 8、2.298 5、2.498 4、2.815 8 和 1.714 4、1.938 2、1.562 1、1.957 6,大多数数据均小于行政监督变量 AS 的回归系数,这些事实说明外在监督中行政监督所发挥的作用远超过司法监督和舆论监督所发挥的作用,其中舆论监督所发挥的作用最小,这也说明需要对我国的舆论监督环境与监督角色进行反思,以使其适应整个和谐社会发展的需要。所有这些实证检验数据都说明假说 H3-1、H3-2、H3-3 与 H3-4 中内在信用意识变量与外在监督变量分别沿着自己的规律与驱动逻辑发生各自的作用,并且也揭示了我国行政司法监督的效应远大于舆论监督产生的效应。

此外,为了进一步对系列假说 H3-1、H3-2、H3-3 与 H3-4 进行实证检验分析,我们构建了以交叉变量为主要解释变量的模型(3.2),这里之所以把交叉变量与单独变量分开构建模型,主要原因在于避免模型检验过程中出现变量之间的共线性关系。表 3-2 显示无论信用意识形态与外在监督交叉变量 IF×AS、IF×JS 和 IF×MS,还是相关监督变量之间的组合交叉变量 AS×JS、AS×MS、JS×MS 和 AS×JS×MS,它们在检验模型(3.2)中的回归系数均为正,并且凡是组合交叉变量中存在行政监督变量 AS 的话,那么相应的回归系数就比没有出现行政监督变量 AS 的回归系数大许多,特别值得指出的是,不同类型监督变量之间的组合交叉变量 $AS\times JS\times MS$ 的回归系数分别达到了 4.826 4、5.483 1、3.483 7 和 4.241 2,显然数值已经远远超过其他任何组合交叉变量的回归系数值,这也就说明了外在监督对于社会信用缺失问题的治理是多么重要,也就是说上述系列假说 H3-1、H3-2 和系列假说 H3-3 与 H3-4 是成立的。

现在开始证明系列假说 H3-5 与 H3-6 的正确性。这里把超出或者等于平均值的区间段定义为"强",而把低于平均值的区间段定义为"弱",于是将内在信用意识变量和外在监督变量进行组合,可以形成如下四组信用监督组合环境,即强信用强监督、强信用弱监督、弱信用强监督和弱信用弱监督等。为了实证检验强信用意识与强监督组合环境下社会信用表现最佳,同时也检验弱信用意识弱监督组合环境下社会信用表现最为恶劣,这里准备运用 t 均值检验方法对该组与其他三组组合环境下社会信用表现进行均值差比较分析,右下标 H 和 L 分别表示强弱组别,例如符号 IF_H 和 IF_L 分别表示强信用与弱信用组别,AS_H 和 AS_L 分别表示强行政监督与弱行政监督组别,依次类推不再赘述。具体检验结果如表 3-3 所示:

显然,表 3-3 列举了强信用意识强监督与弱信用意识弱监督等两种组合环境下,社会信用表现分别与其他三组不同组合环境下社会信用表现 $\ln PC$、$\ln EC$、$\ln GC$ 与 $\ln SC$ 的均值差 t 的检验结果,其中左边四列列举了强信用意识强监督组合环境 IF_H+AS_H、IF_H+JS_H 和 IF_H+MS_H 与对应的其他组合环境下社会信用表现的均值差 t 的检验结果,右边四列则列举了弱信用意识弱监督组合环境 IF_L+AS_L、IF_L+JS_L 和 IF_L+MS_L 与对应的其他变量组合环境下社会信用表现的均值差 t 的检验结果。检验结果显示强信用意识强监督组合环境下社会信用表现相比于其他各种组合环境下社会信用表现的均值差均为正,并且绝大多数的均值差 t 都通过了显著性检验,这一检验事实说明了这种组合环境下整个社会的社会信用表现处于最佳状态。同理,右边四列检验了弱信用弱监督组合环境下社会信用表现相比其他三组不同组合环境下社会信用表现的均值差,检验结果说明弱信用意识弱监督组合环境下社会信用表现相比其他组合环境下的社会信用表现差,并且大多数均值差 t 通过了显著性检验,这也说明弱信用弱监督是社会信用运行的最差组合环境。

表 3-3 信用监督强弱组合环境下社会信用表现均值差 t 检验结果

Variable Category	lnPC	lnEC	lnGC	lnSC	Variable Category	lnPC	lnEC	lnGC	lnSC
$IF_H + AS_H$					$IF_L + AS_L$				
$IF_H + AS_L$	1.5015* (0.0951)	1.4164 (0.1135)	1.4819** (0.0467)	1.4164** (0.0464)	$IF_H + AS_H$	−1.7518* (0.0693)	1.6428* (0.0764)	−1.6255* (0.0826)	−1.6462** (0.0190)
$IF_L + AS_H$	1.4324 (0.1320)	1.340 (0.1501)	1.2249 (0.2556)	1.3816 (0.3525)	$IF_H + AS_L$	−0.9932 (0.1596)	−0.8279** (0.0043)	−0.8328* (0.0546)	−0.9160 (0.2240)
$IF_L + AS_L$	1.7518** (0.0449)	1.6428*** (0.0074)	1.6255* (0.0814)	1.6462** (0.0972)	$IF_L + AS_H$	−1.3884 (0.2548)	−1.3726** (0.0474)	−1.3412* (0.0599)	−1.2389* (0.0509)
$IF_H + JS_H$					$IF_L + JS_L$				
$IF_H + JS_L$	1.4791* (0.0859)	1.5491 (0.1926)	1.4844** (0.0601)	1.4763* (0.0566)	$IF_H + JS_H$	−1.6384 (0.1908)	−1.6215 (0.0586)	−1.6551* (0.0446)	−1.6421 (0.2464)
$IF_L + JS_H$	1.3841* (0.1988)	1.3148* (0.0708)	1.3565 (0.1887)	1.3229 (0.2491)	$IF_H + JS_L$	−1.1656 (0.0610)	−1.2177 (0.2524)	−1.0511* (0.0908)	−1.1772* (0.0562)
$IF_L + JS_L$	1.6384** (0.0644)	1.6215* (0.0731)	1.6551** (0.0416)	1.6421** (0.0223)	$IF_L + JS_H$	−1.4915* (0.0722)	−1.4840* (0.0872)	−1.5175 (0.4048)	−1.3565** (0.0210)
$IF_H + MS_H$					$IF_L + MS_L$				
$IF_H + MS_L$	1.1778 (0.5221)	1.1400* (0.0947)	1.1426** (0.0269)	1.1663 (0.1147)	$IF_H + MS_H$	−1.2261* (0.0125)	−1.2829* (0.0606)	−1.2425** (0.0125)	−1.2568* (0.0697)
$IF_L + MS_H$	1.0906 (0.0504)	1.0779 (0.0413)	1.0078 (0.0285)	1.0320 (0.0684)	$IF_H + MS_L$	−1.0016 (0.1493)	−1.0301 (0.3189)	−1.0748 (0.1960)	−1.0677 (0.1782)
$IF_L + MS_L$	1.2261 (0.1254)	1.2829** (0.0246)	1.2425* (0.0476)	1.2568* (0.0547)	$IF_L + MS_H$	−0.8594 (0.1132)	−0.8180* (0.0812)	−0.8336* (0.0201)	−0.8243* (0.1661)

注：表 3-3 中每一格中上方数值均为均值差，下方对应括号里的数值则是检验对应的 Sig. () 数值，数值右上方符号 *、**、*** 则分别代表检验在 0.1、0.05、0.01 水平下显著。
资料来源：笔者自制。

表 3-3 检验数据还显示,在存在弱信用状态 IF_L 的信用监督组合环境 IF_L+AS_H 与 IF_L+AS_L、IF_L+JS_H 与 IF_L+JS_L、IF_L+MS_H 与 IF_L+MS_L 中,或在存在弱监督状态 AS_L、JS_L 或者 MS_L 等信用监督组合环境 IF_L+AS_L 与 IF_H+AS_L、IF_L+JS_L 与 IF_H+JS_L、IF_L+MS_L 与 IF_H+MS_L 中,它们的社会信用表现变量 $\ln PC$、$\ln EC$、$\ln GC$ 和 $\ln SC$ 的数值,均介于最佳组合环境强信用强监督与最差组合弱信用弱监督之间,并且检验均值差大多通过了显著性检验,所有这些检验数据足以说明在弱信用意识状态下的任何强弱监督组合环境中,社会信用表现始终处于被动之中,难以持续保持良好的社会信用表现状态,要达到长远的标本兼治的目标更是不可能实现的,由此可见系列假说 H3-5 和 H3-6 是成立的。

第三节 完善社会信用与监督机制对策

在以上几个部分中，本书主要研究了社会信用表现的内外影响因素，研究发现我国社会信用表现的影响因素深深打上了中国烙印，即行政司法社会信用表现具备方向盘效应，对整个社会各个利益主体来说，更是存在社会信用表现的灯塔作用，并且只有在内在社会信用意识和外在社会信用监督同时发挥作用的环境下，才能够保证社会信用良好运行状态的持久存在。缺乏社会内在信用意识或者外在监督的社会，是难以持久地和谐运作的，更不可能保持社会信用处于良性运行状态中，充其量可以在短期内保持社会信用的良性循环，而长期保持社会信用的健康和谐运作是不可能的事情。

总之，研究发现提高我国社会信用建设需要在社会信用与社会信用监督两个方面着力，绝对不能走极端，想当然地认为一方重要，而必须保持好两者同时发展的良性趋势，否则就不可避免地走入机械唯物主义或者历史唯心主义的泥淖，也就不可能达到标本并治的目的。但是在实践中却必须根据实际情况适当调整，否则就陷入了教条主义的泥塘里。因此我国现阶段为了能够达到显著的效果，就必须走治标先行再达到治本效应的路线。这是由于治标可以在短期内获得效果，而治本则需要长期努力，只有通过治标才能够产生社会震慑效应，有助于进一步治本，因此社会信用缺失治理只有走"治标为治本赢得时间，最后达到标本兼治的目的"这一思路。于是基于上述研究结论，现在提出如下社会信用缺失行为治理对策：

第一，由于中国特色的社会主义国家本身存在巨大的举国体制特征，因此国家公权力建设赋予了各级政府机关无与伦比的国家行动力，行政机关的社会信用行为对整个社会产生巨大的示范效应。所以，国家首先必须增强对各级政府机关社会信用行为的示范效应，通过政府机关的社会信用行为来引领全社会的社会信用行为。

第二，由于我国社会信用监督包括行政监督和司法监督，而司法监督也是在各级党委领导下的"依法监督",因此必须加大依法监督力度,特别需要司法机关下力气解决我国目前普遍存在的"司法执行难"问题,从而通过每一个案件体现党的"公平正义",最终达到震慑潜在信用缺失行为当事人的目的。

第三,中国特色社会主义国家治理体制的特殊性与优越性,客观上使得国内外相当多的人认为我国司法机构是党机构的附属部门,导致司法机构的任何瑕疵最后都得政府买单,因此为了能够使政府具备司法信用缺失行为的止损能力,就必须使党和政府从宏观上把握司法机构的方向,但在微观上绝对不干涉任何一个具体案件。如此方能使党和政府处于"超然"的客观地位,也能够更好地领导司法机构的执法行为,从而杜绝任何敌对势力攻击的口实。

第四,由于仅仅依靠外在的社会信用监督是不可能持久地保持社会信用良好运行的,因此必须加大社会信用意识形态的教育,适当发挥我国宗教的社会信用内化功能,从而逐步使得社会信用意识植根于全社会每个人的心灵里,最终使得社会信用行为成为每个人的"下意识"行为。总之,只有通过全社会各个部门的努力,使得社会信用意识能够"内化于心、外化于行",才能为全社会的社会信用建设提供良好的运作环境。

当然,本书研究还存在很多不足的地方,例如社会信用表现的内外影响变量的界定与度量问题、研究样本数少可能导致研究实证检验结果不精确问题、我国目前社会信用缺失行为的治理具体路径问题等,这些问题都是将来进一步研究的方向。

第四章
基于分配公平与发展效率的驱动逻辑分析

第一节 基于分配公平与发展效率的驱动逻辑分析

一、公平效率驱动社会信用缺失关系分析

以上几个部分研究了我国社会信用缺失问题,着重讨论了社会缺失中的信用信仰与监督机制驱动关系。当然还有很多学者对社会信用缺失问题的其他影响因素进行了研究,研究普遍认为社会信用缺失现象的发生是一个综合性问题,几乎所有研究都认为社会宗教情怀、法治化建设、信用缺失信息传递、道德水准的提高等都与社会信用存在正面驱动逻辑关系;并且在这些影响因素中令人格外关注的因素便是收入水平与分配差距两个相辅相成的因素。前者注重经济发展效率水平,而后者则注重社会分配公平,可以说这两个因素影响了人类历史进程,东西方哲学家们一直都在思考如何寻找最佳的权衡点,从而为人类社会的可持续和谐发展提供制度保障。显然,人类社会的动荡都从社会信用缺失开始,社会收入增长与分配差距几乎是所有社会永恒的课题。

那么社会信用与经济发展效率、社会收入分配公平之间究竟存在哪些逻辑驱动关系呢?一方面,现有很多文献研究普遍认为社会信用在促进社会经济发展的同时促进了社会公平。我国很多学者(赵毅 等,1998;李晏墅,2002;张芙华,2004;顾学宁,2005)运用规范研究方法研究了社会信用对社会经济发展的促进作用,更有许多学者(徐晟,2007;陈运平 等,2012;王艳,2014)结合相关研究数据运用实证研究方法对相关研究假设进行了经验检验,他们普遍认为社会信用可以促进经济发展,并且能够在一定程度上促进社会公平和谐发展,提出我国社会主义建设进程中应该公平优先条件下注重经济发展效率(郑引,2007),并且认为社会信用建设是和谐社会健康发展的基础(屈淑萍,2007)。另一方面,我国自古以来就有关于经济发展与收入分配等因素对社会信用影响的论述。古人用质朴无华的语句阐述了关于社

会收入分配公平与经济发展效率方面的深刻思考,古代著名哲学著作《管子·牧民》中提出"仓廪实则知礼节,衣食足则知荣辱",与此相对应的就是"不患寡而患不均"的思想,更有"均贫富"与"人间大同"的社会理想,所有这些都说明社会经济的发展可以提高社会道德水平,但是收入分配差距过大轻则引起社会不安,重则带来社会动荡。历史与现实都一再证明社会经济发展和收入分配差距都对社会信用建设存在巨大的影响,只有同时注重公平与效率才能够构建社会信用社会,任何偏废偏重的做法都会带来社会信用缺失现象的蔓延。

经济发展与社会分配公平是人类社会发展永恒的不可回避的主题,如何权衡处理好它们之间的矛盾关系一直是世界性难题,而作为道德层面的社会信用则对经济发展与分配公平发挥着巨大的推动作用,这里经济发展属于物质层面的范畴,社会信用则属于意识层面的范畴。按照马克思主义辩证唯物主义理论,物质决定意识,意识对物质存在反作用。由此可知,社会发展决定社会信用意识形态,社会信用意识形态对经济发展存在巨大的反作用。其实,我国古代很多著名哲学家已经用平实的语言深刻地揭示了这些因素之间的逻辑驱动关系。西汉著名思想家贾谊在《论积贮疏》[1]中提出:"仓廪实而知礼节,民不足而可治者,自古及今,未之尝闻。"随后东汉思想家、史学家班固在《后汉书》[2]中明确提出:"衣食足而知荣辱,廉让生而争讼息。"上述这些思想家的理念基本上都属于朴素唯物主义思想,都告诉人们要注意提高物质生活水平,离开了物质生活谈论人的道德信仰是缘木求鱼。换句话说,随着社会经济的发展与人们收入水平的提高,社会大众的道德水平也会随之提高,言下之意就是经济发展对人们的社会信用意识存在正向促进作用。虽然我们不能够完全肯定地说"仓廪实"必然"知礼节",但是基本上可以肯定地说"仓廪不实"必然难以达到"知礼节"的状态。显然,

---

[1] 《论积贮疏》是贾谊的名文之一。《论积贮疏》选自《汉书·食货志》,文题为后人所加,是贾谊23岁时(前178年)给汉文帝刘恒的一篇奏章,建议重视农业生产,以增加积贮。

[2] 《后汉书》,"二十四史"之一,是一部记载东汉时期历史的纪传体断代史,由南朝宋时期的历史学家范晔编撰。与《史记》《汉书》《三国志》合称"前四史"。《后汉书》中分十纪、八十列传和八志,全书主要记述了上起东汉的汉光武帝建武元年(25年),下至汉献帝建安二十五年(220年)共195年的史事。

我国这些思想先贤们的论述主要集中在人的温饱需求方面,认为只有在满足人的温饱需求基础上才能够谈论高层次的道德修养,其实这一思想与世界上其他国家思想家的思想如出一辙。美国著名心理学家亚伯拉罕·马斯洛在其经典文献《人类激励理论》[①]中对此问题进行了系统的论述,他认为随着经济发展水平的提高,人类的发展欲望也随之提高,基本上都必须走过相互衔接又有本质差别的五个不同层次,每个层次的需求本质是存在差别的。这里第一层次的含义就是满足人的基本生理需求,也就是通常所说的衣食住行等方面的需求;其次分别是安全需求、交往需求、尊重需求和自我实现需求等。当人的生理需求得到满足之后,自然需要安全需求和社会交往的需求,进一步的需求也会随着经济地位的上升而被激发出来,受人尊重需求和自我实现需求就是人们发展的必经之路了。那么,毫无疑问,个人社会信用的社会约束与要求必然也会逐步提高,否则这个人怎么可能得到全社会的尊重,更谈不上想要达到"自我实现"的最高境界目标了。

从微观经济学视角来看,经济发展效率是指在有序的市场环境和统一规则下,经济组织以最低的物化劳动和活劳动投入获得最大的满足人们需要的产品和劳务的状态。从宏观经济学视角来看,效率是指稀缺资源在社会各部门之间合理配置和优化组合,从而达到最佳的资源配置。分配中的效率原则就是指在一定的社会分配制度和分配政策环境下,要以促进生产力的发展和提高企业效益与国民经济效率为目标,按照一定的主客观环境组织整个社会的经济运作。显然,没有一定的经济发展效率的话,整个社会经济将无从发展,也就没有了基于公平目标的分配资源基础。生存必定是人们的第一目的,对有限资源的争夺势必激发人类最原始的生存欲望,即使外界强力措施也只能做到表面上压抑而已,一旦压力释放,就会反弹起更激烈的报复性道德沦丧,所以原始社会中根本不可能构建人类文明,人类文明的起源只可能是在经济发展水平达到一定的程度之后。

那么,我们是否可以总结出如下的结论:经济越发达的社会就肯定会带

[①] 美国心理学家亚伯拉罕·马斯洛在1943年出版的《人类激励理论》一书中,首次提出了"需求层次理论"。马斯洛认为,人类需要可以大致分为生理需要、安全需要、交往需要、尊重需要和自我实现需要,并且它们是由低级到高级逐级形成和发展的。

来社会信用道德水平的提高呢？果真如此的话，又如何解释我国改革开放以来经济发展不仅没有带来社会信用水平的提高，反而滋生出数量可观的社会信用缺失现象呢？换句话说，显而易见的结论就是，随着经济发展效率的不断提高，社会信用水平并没有得到显著的提高，那么必然隐藏着一个变量对社会信用建设存在强大的解释力，对社会信用建设存在关键影响。迄今为止，尚未有研究文献对这一问题进行深入讨论，然而我国很多学者的研究都认为社会信用促进了社会公平的发展，例如冯辉（2016）研究认为社会信用可以促进社会程序公平和实质公平，我国学者李培林（2016）和胡小勇等（2016）运用社会调查方法研究了我国各阶层的社会公平感问题，提出社会信用是社会公平得以保障的基础。才国伟等（2016）与曹静晖等（2017）都研究了社会信任与社会公平之间的关系，提出唯有社会信用才能够推进社会公平，任何回避社会信用建设的公平体系建设都是不可能完成的战略任务。

　　由于社会信用对社会公平具有促进作用，接下来的问题自然就是社会公平对社会信用建设存在促进效应吗，是否可以说社会公平可以促进社会信用体系建设呢，是否可以说社会公平能够减少社会信用缺失现象的发生呢。其实，正如以上论述，我国古代很多思想家早已经对这个问题进行了规范论述，并且也用大量的事实来验证了所提出的观点。在《汉书·食货志》①中，我国西汉时期大儒董仲舒这样描绘西汉经济恢复之后的社会，"富者田连阡陌，贫者无立锥之地"。权贵奢靡、奸商暴富，市场混乱、国弱民贫，这就使外表华丽富裕的汉王朝，在匈奴的烈马强弓面前不堪一击，只能用公主和亲的软性外交苟且偷安。东汉史学家班固在《汉书·食货志》中描写社会两极分化为"富者累巨万，而贫者食糟糠"，并且在《汉书·叙传》中说道："四民食力，罔有兼业。大不淫侈，细不匮乏。盖均无贫，遵王之法。靡法靡度，民肆其诈。逼上并下，荒殖其货。侯服玉食，败俗伤化。"显然，班固认为国家经济发展带来的社会分配悬殊将会带来整个国家的危机，贫富悬殊带来的害处已经足以抵消经济发展所带来的益处了。历史往往是现实的镜子，一

---

① 《汉书》是论述西汉经济的著作，班固著。分为上、下两篇。上篇言"食"，下篇言"货"。所谓"食"是指农业生产；所谓"货"是指农家副业布帛的生产及货币流通。

切历史都是当代史。这就很容易解释为什么我国现在经济发展水平提高了,总体来说社会信用道德水准却下滑而不尽如人意,离社会主义道德建设的要求的差距更大了。所有这些事实都说明,尽管经济发展对整个社会的社会信用建设存在一定的促进作用,但是极端的经济发展效率优先原则将使事情走向反面,很多社会骚乱都是在社会经济发展势头良好的情况下发生的。例如,由于各种社会原因叠加,很多发达资本主义国家经济分化严重,其中非洲裔的社会经济地位尤其差,其中固然有非洲裔本身文化水平低的原因,但是社会经济分配制度不合理才是问题的关键。在非洲国家南非,虽然已经进行了革命性的社会变革,种族歧视制度得以从本质上消灭,但是收入分配度量指标基尼系数高达0.6以上,这些事实说明社会已经处于极端不公平之中,社会骚乱不时爆发、坑蒙拐骗现象频发成为南非社会的现实。相比之下,我国社会贫富差距也一直在扩大,度量指标基尼系数也已经达到了0.5左右的国际警戒线,社会信用缺失现象愈演愈烈,群体性事件不时出现的事实已经敲响了警钟,所有这些说明社会不公已经严重到影响整个社会稳定的程度。显然,在这种社会贫富差距过大的环境下,任何道德说教在无情的现实面前都是一个可笑的谎言,也就是说社会已经走进令人可怕的"塔西佗陷阱"。

那么,为什么人类社会对社会公平有着近乎宗教崇拜般地执着追求呢?其实,问题的本质在于社会财富的不公平分配所带来的人格的不公平。公平理论对此提供了最有说服力的解释。公平理论又称社会比较理论,由美国心理学家亚当斯(John Stacey Adams)于1965年提出,该理论是研究人的动机和知觉关系的一种激励理论,认为员工的激励程度来源于对自己和参照对象的报酬和投入的比例的主观比较感觉。显然,当员工的不公平感越加强烈时,再多的收入都难以消除员工心理的不公平挫折感。与此类似,社会上的收入差距过大自然会增强社会个体的不公平感受,长期得不到矫正的不公平感受就会引发社会的社会信用危机。随着社会经济发展水平的不断提高,必然会产生社会个体之间的收入差距,这就需要在不断"做大蛋糕"的同时做好"分好蛋糕"的工作,否则就必然会造成整个社会各群体之间的"不公平脆弱感",当这一"不公平脆弱感"蔓延到整个社会之后,自然会吞噬整个社会的社会信用意识而导致社会信用缺失现象愈演愈烈。于是,根据

上述分析,我们在此提出如下系列假设:

H4-1:在经济发展的一定范围之内,经济发展水平的提高必然会带来社会信用水平的提高,而超出经济发展的一定范围之后,经济发展水平的提高反而会强化社会信用缺失现象。

H4-2:社会成员收入分配差距的缩小有助于整个社会信用水平的提高,反之,收入分配差距的扩大则会加剧社会信用缺失现象的蔓延。

二、社会情绪驱动的社会信用缺失效应分析

正如上述分析,经济发展必然会带来个人收入水平的提高,自然会有利于整个社会的和谐稳定,但是由于人的先天禀赋以及后天努力等各方面条件的不同,加上个人可利用的社会资源能力不同,于是在经济高速发展的同时也必然会带来收入分配差距。虽然这种差距不完全是由社会不公平分配带来的,但是在社会更关注结果的思维定式下人们会感到社会的不公平,久而久之就会产生对社会信用体系的怀疑,而这种情绪一旦蔓延则会严重冲击社会正常的秩序,任何官方的解释都无济于事,反而会产生愈演愈烈的现象。

社会情绪理论告诉我们,社会情绪是人们对社会生活中各种情境的感知,通过群体成员之间的相互影响、相互作用,形成较为复杂而又相对稳定的态度体验(于建嵘,2009)。它的发展经过个体化情绪到碎片化情绪,然后逐步发展为社会情绪的过程(洪宇翔,2017)。这种理论最初来自法国社会学家古斯塔夫·勒庞1895年提出的"乌合之众"理论——认为社会情绪是由非常简单和夸张的情绪无意识驱动表现的一种社会现象。但是在20世纪70年代以后,西方很多研究者不再认可社会个体的"原子化"行为,并且认为集体行动是在努力改变主流文化规范和认同,如社会认同、信念、价值观、符号、意识等(Goodwin et al,2000)。总之,社会情绪是由个体情绪演化而来,经过社会各种渠道之间的交流而形成的力图改变社会认同的一种社会现象,其带来的社会效应不仅仅在个体行为中得以表现,并且会使个体的行为传染给整个社会,其所产生的效应绝对不是可以用简单的算术级数表示的,而是可以引发一种几何级数度量的物理共振效应(周利敏 等,2014)。显而易见,当社会笼罩在充满不信任的社会情绪中时,负向社会情绪势必加快累

积社会负能量的速度,所带来的社会信用缺失共振效应势必带来几何级数度量的社会信用缺失现象。显然,收入提高会有助于形成正向社会情绪,而分配差距拉大则会形成负向社会情绪,两股不同方向的力量对比的累加综合效应就会在社会情绪中得以体现,这也可以从我国20世纪80年代开启的改革开放所形成的社会情绪中得以证明。改革开放初期,几乎所有社会个体收入都得到提高,全社会高呼"改革开放好"已经足以说明当时的社会情绪是多么正面,而在经过10~15年改革开放之后,社会个体之间的差距逐步拉大,进入21世纪以来,我国社会反映贫富差距的基尼系数已经高达0.5的警戒线。与此同时,社会情绪中的负面因素不断累积,一些敌对势力与不健康社会力量不断利用党和政府工作中存在的问题,使本应该容易得到解决的社会问题演变成极度敏感的社会事件,这种事件爆发的程度虽然难以完全用社会分配不公平程度来解释,但是社会收益不公平、差距过大不能不说是其中的一大原因。由此可见,要想使社会负向情绪得以扭转就必须把收入分配差距控制在一定的范围之内,就必须在大力发展经济的同时注重社会公平问题,制定各种劳工收入分配保证制度,并且通过增加社会福利的办法改善低收入成员的经济状况,即使牺牲经济发展速度也应该把收入分配控制在一定的范围之内,否则整个社会都将付出更多的社会负向情绪成本。于是,根据上述分析,我们在此提出如下假设:

H4-3:当社会收入分配差距不断拉大到触发社会负面情绪时,社会信用缺失现象将愈演愈烈,并且爆发的程度远远超过收入分配差距程度。

H4-4:任何极端的经济发展效率与过大的收入分配差距都不可能使得社会信用处于可持续良性运作状态,只有适当的经济发展效率配以适当的收入分配差距才能够使得社会信用处于可持续最佳发展状态。

第二节 驱动逻辑分析实证检验与结果分析

一、变量定义与度量

为了能够对上述假设进行实证检验,首先对上述研究假设所涉及的变量进行概念定义与度量分析。容易知道,上述假设所涉及的主要变量可以梳理为以下三类变量,即社会信用、经济发展与收入分配差距等,但是社会信用作为一种社会现象,不仅是一定经济环境下的产物,更是一定社会上层建筑环境下的社会现象,因此为了能够更好地通过构建计量回归模型进行实证检验,这里拟引入社会保障、舆论监督、行政监督与司法监督等变量,从而能够全方位地反映社会信用缺失问题的社会原因,并且在相关实证研究基础上提出有针对性的治理对策。具体变量定义以及相应的度量分析如下表4-1所示:

表4-1 变量定义与度量分析一览表

变量类型	变量	变量符号	度量方法及数据来源说明
社会信用变量 Credit	消费者举报次数	$ConsuReport$	数据来源于中国知网数据库子库《中国经济与社会发展统计数据库》和《中国统计年鉴》等,并且有如下计算公式: $ConReportRate_t = (ConsuReport_t - ConsuReport_{t-1})/ConsuReport_{t-1}$ $FraudCaseRate_t = (FraudRate_t - FraudRate_{t-1})/FraudRate_{t-1}$ $IllegalProRate_t = (IllegalProRate_t - IllegalProRate_{t-1})/IllegalProRate_{t-1}$
	诈骗报案次数	$FraudCase$	
	不当获利次数	$IllegalProfit$	
社会信用变量变化率 Credit Rate	消费者举报增长率	$ConRate$	
	诈骗报案增长率	$FraudRate$	
	不当获利增长率	$IllegalRate$	

续表

变量类型	变量	变量符号	度量方法及数据来源说明
经济发展 Economics	国民生产总值	GDP	GDP 和 $NationalIncome$ (NI) 数据来源于中国知网数据库子库《中国统计年鉴》,并且有如下计算公式: $GrossRate_t = (GDP_t - GDP_{t-1})/GDP_{t-1}$ $IncomeRate_t = (NatioanlIncome_t - NatioanlIncome_{t-1})/NatioanlIncome_{t-1}$
	国民总收入	$NationalIncome$	
经济发展变化率 Economics Rate	国民总值增长率	$GrossRate$	
	国民收入增长率	$IncomeRate$	
分配差距 Unfair	城镇收入差距	$TownGap$	$TownGap$ 和 $CounGap$ 根据《中国统计年鉴》中城镇农村收入五等分最大值最小值之差度量,$ToCouGap$ 根据城镇农村总收入差度量
	农村收入差距	$CounGap$	
	城乡收入差距	$ToCouGap$	
分配差距变化率 Unfair Rate	城镇收入差距增长率	$TownGapRate$	根据上述指标计算而得,具体计算公式如下: $TownGapRate_t = (TownGap_t - TownGap_{t-1})/TownGap_{t-1}$; $CounGapRate_t = (CounGap_t - CounGap_{t-1})/CounGap_{t-1}$; $ToCouRate_t = (ToCouGap_t - ToCouGap_{t-1})/ToCouGap_{t-1}$
	农村收入差距增长率	$CounGapRate$	
	城乡收入差距增长率	$TownCouRate$	
社会保障 Security	社会就业支出	$SocialEmploy$	数据来源于中国知网数据库子库《中国经济与社会发展统计数据库》
	社会保障支出	$SocialSecurity$	
社会监督 Supervise	媒体监督力度	$MediaStrength$	分别根据报纸数据库关键词"信用缺失""社会信用"报道次数、中国知网数据库子库《中国经济与社会发展统计数据库》行政查处次数与司法处理不法事件次数等来度量
	行政监督力度	$AdminStrength$	
	司法监督力度	$LawStrength$	

资料来源:笔者自制。

值得说明的是,表4-1中任何一种类型变量的代理变量都不止一个,这样做的目的不仅仅可以运用这些代理变量多角度表征度量,而且还可以通过不断地变换代理变量以检验相应研究结论的稳健性。此外,由于研究数据基本上都来自中国知网数据库子库《中国经济与社会发展统计数据库》,这里除了宏观经济变量指标与个人收入指标之外,其他一些指标都是随着时代的变迁而逐步列入统计指标的,所以数据指标仅仅覆盖了2000年至

2018年共19年的全部数据,相应的缺失数据则采取数据所在年份的前后年份数据指标数值的平均数的方法计算代替。

二、描述性分析

为了能够更加直观地描述表中各变量的变化趋势,现在把表4-1中主要变量的变化趋势描绘如图4-1和图4-2,这里横轴表示年份,纵轴表示变量指标数值,图4-1中的 $NationalIncome$ 与 GDP 分别代表国民收入与国内生产总值,图4-2中 $TownGap$、$CounGap$ 与 $ToCouGap$ 分别代表城镇收入差距、农村收入差距与城乡收入差距。

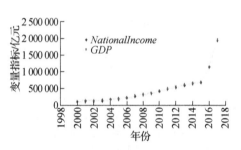

图4-1 经济发展变量变化趋势图　　　　图4-2 分配差距变量变化趋势图

资料来源:笔者自绘。　　　　　　　　　资料来源:笔者自绘。

显而易见,图4-1和图4-2显示随着经济的不断发展,收入分配差距也在不断地拉大,这也是我国改革开放以来社会信用水平不断降低,信用缺失现象从偶尔发生到司空见惯的原因所在。对比图4-1和图4-2可见,在大约2010年之后,分配差距曲线的倾斜度不如经济发展变量曲线倾斜度,这说明我国的收入分配差距得到一定程度的扭转,现把相关变量变化率的发展趋势曲线图描述如图4-3与图4-4。这里横轴表示年份,纵轴表示变量指标数值。

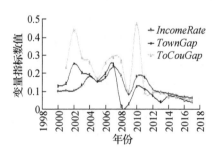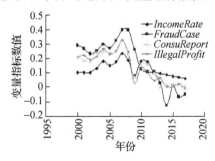

图4-3　经济发展与分配差距变量　　　　图4-4　经济发展与社会信用变量
　　　　变化率趋势图　　　　　　　　　　　　　变化率趋势图

资料来源:笔者自绘。　　　　　　　　　资料来源:笔者自绘。

图 4-3 中的 $IncomeRate$、$TownGap$ 与 $ToCouGap$ 分别代表国民收入增长率、城镇收入差距与城乡收入差距,图 4-4 中的 $IncomeRate$、$FraudCase$、$ConsuReport$ 与 $IllegalProfit$ 分别代表国民收入增长率、诈骗报案次数、消费者举报次数与不当获利次数。显然,图 4-3 显示,在 2010 年左右出现了趋势曲线变化拐点,2010 年之前的收入分配差距变化率远远超过经济发展变化率,2010 年之后的收入分配差距变化率则小于经济发展变化率。那么,这种经济发展与分配差距变化率趋势在社会信用缺失现象中能够得到体现吗?图 4-4 反映了社会信用与经济发展的关系,这里同样运用社会信用相关指标的变化率指标来代理相关变量数值。显然,图 4-4 同样在 2010 年左右出现了拐点,社会信用缺失指标变量变化率明显低于国民收入变量变化率,这说明尽管经济体量增大了,但是社会信用缺失事件增长率反而小了。换句话说,虽然绝对数还是增长了但是相对变化率确实减少了。

通过上述图形的描绘分析,可以知道社会信用与经济发展、收入分配存在逻辑驱动关系,尽管经济发展存在正面驱动关系,收入分配差距存在负面驱动效应,但是在经济发展超出一定幅度之后就会引发分配差距的持续扩大,到头来反而形成经济发展驱动社会信用缺失现象发生率增大的假象,而只有适当的经济发展与收入分配差距的配比才能够达到社会可持续发展的和谐状态。

三、模型构建与检验分析

(一)假设 H4-1 和假设 H4-2 的检验

由于假设 H4-1 和假设 H4-2 讨论的是经济发展与收入差距对社会信用的影响效果,所以根据上述分析,构建如下所示的计量经济模型:

$$Credit = a_0 + a_1 Economics + a_2 Unfair + a_3 Economics \times Unfair + a_4 Supervise + a_5 Security \quad (4.1)$$

上述模型中所涉及变量都属于表 4-1 中的定性变量,具体检验时可以通过代入不同的变量代理变量进行分析,从而使得检验结果不仅仅证明假设的成立,同时还能够说明假设结论的稳健性。现在运用相关研究数据对模型(4.1)进行实证检验,在检验中按照经济规模二等分划分法对样本范围进行分组,即子样本覆盖年份分别为 2000—2010 年和 2010—2018 年两个时间区间,这里把 2010 年作为一个事件拐点,这样做的原因可以从上述图示中看出,在 2010 年前后分配差距变化率呈现小于国民收入变化率的趋势。这里通过筛选不同的代理变量进行实证检验,从而对不同经济发展规模下经济发展对社会信用的作用进行实证检验。由于表 4-1 中经济发展变量有两个代理变量,分配差距变量有三个代理变量,这样总共有六个交叉代理度量变量,所以,为了简洁起见这里仅仅选取其中两个交叉代理度量变量,即 NI 与 $ToCouGap$ 的交叉变量 $NI \times ToCouGap$、NI 与 $TownGap$ 的交叉变量 $NI \times TownGap$,具体检验结果见表 4-2。

表 4-2 显示,无论是分样本检验还是全样本检验,经济变量 $NationalIncome$ 的检验系数都为负数并且通过了显著性检验,而收入分配差距变量 $TownGap$ 与 $ToCouGap$ 的检验系数都为正数并且也通过了显著性检验,这些事实都说明经济发展变量对社会信用缺失存在遏制效果,而收入分配差距变量则对社会信用缺失存在推波助澜作用。进一步分析两者的交叉变量的作用效果可以知道,覆盖 2000—2010 年期间的子样本检验结果中,$NI \times ToCouGap$ 和 $NI \times TownGap$ 的检验系数都为正数并且通过了显著性检验,而覆盖 2010—2018 年期间的子样本检验中 $NI \times ToCouGap$ 和 $NI \times TownGap$ 的检验系数都为负数并且同样通过了显著性检验,这些事实说明前者收入分配差距作用远远大于经济发展的作用,并且导致社会信用缺失现象严重,而后者经济发展作用超过了收入分配作用效果,从而产生了社会信用缺失现象得到遏制的结果。这一检验结果也和我国社会实际情况相吻合,在 2010 年左右我国加大了社会保障建设,加大了精准扶贫力度,并且加大打击拖欠农民工工资现象,所有这些事实都缩小了整个社会的贫富差距,从而提振了整个社会对党和政府领导的信心。

(二) 假设 H4-3 和假设 H4-4 的检验

由于假设 H4-3 和假设 H4-4 讨论的是经济发展与分配差距变量变化率的作用效果,所以这里着重关注经济发展变化率和分配差距变化率的变化趋势问题。

其实,图 4-3 和图 4-4 显示 2010 年是一个事件拐点,收入差距的变化率在 2010 年之前超过经济发展的变化率,而在 2010 年之后则小于经济发

第四章 基于分配公平与发展效率的驱动逻辑分析

表4-2 假设H4-1和假设H4-2的实证检验结果

Variable	覆盖2000—2010年期间子样本数据			覆盖2010—2018年期间子样本数据			覆盖2000—2018年期间全样本数据		
	ConsuReport	FraudCase	IllegalProfit	ConsuReport	FraudCase	IllegalProfit	ConsuReport	FraudCase	IllegalProfit
Intercept	0.011 (0.269)	0.001 (0.050)	1.624 (0.056)	0.011*** (0.001)	1.203** (0.020)	0.0741* (0.061)	0.001 (0.004)	0.002 (0.044)	0.643 (0.021)
GrossRate	−2.664 (0.251)	−2.780 (0.731)	−25.237 (0.148)	−1.182** (0.006)	−0.116** (0.032)	−0.828** (0.018)	−0.056 (0.104)	−4.069 (0.235)	−9.238 (0.192)
NationalIncome	−1.758** (0.050)	−1.713* (0.063)	−22.669* (0.100)	−2.555*** (0.001)	−6.085** (0.049)	−3.184*** (0.012)	−2.150*** (0.004)	−0.021 (0.865)	−0.208 (0.689)
TownGap	0.423** (0.032)	0.442* (0.010)	4.170* (0.100)	2.617*** (0.050)	4.906** (0.015)	6.679** (0.045)	0.443 (0.033)	0.099 (0.853)	4.696 (0.071)
CountGap	0.433* (0.062)	3.120* (0.077)	26.440* (0.080)	4.770 (0.239)	3.042 (0.721)	1.377*** (0.001)	−0.119*** (0.010)	0.008 (0.985)	−0.618 (0.741)
ToCouGap	0.006** (0.047)	0.444** (0.021)	98.551 (0.816)	7.689** (0.028)	8.008** (0.018)	5.762** (0.031)	0.149 (0.358)	1.377 (0.060)	2.469 (0.261)
SocialEmploy	−0.041 (0.453)	−0.147 (0.156)	−0.930 (0.227)	−1.058 (0.320)	−4.713 (0.209)	0.670 (0.120)	−0.058 (0.080)	−0.050 (0.590)	−0.295 (0.451)
SocialSecurity	−0.069 (0.617)	−0.397 (0.164)	3.509 (0.175)	−0.808 (0.310)	1.363*** (0.005)	−5.271*** (0.002)	−0.424 (0.022)	−0.405 (0.393)	0.181 (0.925)
NI× ToCouGap	0.102* (0.029)	0.256** (0.100)	1.605** (0.028)	−2.635*** (0.021)	−2.1014** (0.018)	−6.228** (0.047)	1.601*** (0.001)	3.205** (0.009)	2.740 (0.470)
NI× TownGap	2.343* (0.100)	1.477** (0.042)	3.164* (0.050)	−3.980** (0.0267)	−7.283** (0.017)	−2.670** (0.055)	0.431*** (0.002)	3.131** (0.025)	0.291 (0.104)
MediaStrength	控制	控制	控制	控制	控制	控制	控制	控制	控制
AdminStrength	控制	控制	控制	控制	控制	控制	控制	控制	控制
LawStrength	控制	控制	控制	控制	控制	控制	控制	控制	控制
Adjust-R^2	0.831	0.782	0.952	0.871	0.780	0.764	0.901	0.987	0.781

注：表4-2每一格中数据均为回归检验变量系数，下方对应括号里的数据则是检验对应的$Sig.$()数值，数值右上方符号 $*$、$**$、$***$分别代表检验在0.1、0.05、0.01水平下显著。

资料来源：笔者自制。

展的变化率,由此引入相应的社会情绪度量哑变量 $SocialSentiment$,这里仿照了已有研究文献中关于投资者情绪变量的度量方法(俞静 等,2010)。社会情绪变量在 2010 年之前取值为 1,在 2010 年之后则取值为 0。于是,根据假设 H4-3 和假设 H4-4 的含义,构建如下计量经济模型:

$$CreditRate = a_0 + a_1 EconomicsRate + a_2 UnfairRate + \\ a_3 EconomicsRate \times UnfairRate + a_4 Supervise + \\ a_5 Security + a_6 SocialSentiment \qquad (4.2)$$

这里模型(4.2)相比模型(4.1)来说,经济发展变量、收入分配差距变量以及社会信用变量都用这些变量相应的变化率变量来代替,现在分别基于全样本以及子样本进行实证检验,相应的检验结果列举如表 4-3。

表 4-3 显示,在全样本检验中社会情绪变量为正数并且都通过了显著性检验,这说明社会收入分配差距达到一定的程度之后,就会在整个社会里产生一种反社会负面情绪,从而渗透进全体社会成员中去,并且影响社会成员的价值观判断。相应地,社会情绪变量的回归系数都大于收入分配差距变量变化率的回归系数,而经济发展变化率与分配差距变化率交叉变量 $IncomeRate \times TownGapRate$ 和 $IncomeRate \times TownCouRate$ 的回归系数也全部为正,这说明交叉变量中分配差距变量变化率所发生的作用高于经济发展变量变化率。在 2010—2018 年子样本中,相应的交叉变量的检验系数却为负数,这说明 2010 年之后我国相关部门特别关注了收入分配差距的调整,从而使得社会信用缺失现象得到了缓解,但是在 2000—2010 年子样本中,相应的交叉变量的检验系数却为正数,这说明 2010 年之前我国的收入分配差距问题没有得到特别的关注,从而导致社会信用缺失现象越发严重,并且远远超过了经济发展所带来的社会信用水平的提高。上述检验结果还说明,尽管 2010 年之后经济发展速度降低了,但是分配差距更加缩小了,所带来的社会信用的改善却远远超过了 2010 年之前,这说明宁可降低一定的经济发展速度的同时关注社会公平,也没有必要一味地追求经济发展速度而失去了社会公平,只有在兼顾效率与公平的理念下才能使经济得到可持续发展。

第四章 基于分配公平与发展效率的驱动逻辑分析

表4-3 假设H4-3和假设H4-4的实证检验结果

Variable	覆盖2000—2010年期间子样本数据			覆盖2010—2018年期间子样本数据			覆盖2000—2018年期间全样本数据		
	ConRate	FraudRate	IllegalRate	ConRate	FraudRate	IllegalRate	ConRate	FraudRate	IllegalRate
Intercept	0.002* (0.010)	−3.791 (0.118)	0.001 (0.931)	0.094*** (0.002)	0.072*** (0.004)	0.057** (0.011)	0.055 (0.337)	0.001 (0.582)	0.011* (0.083)
SocialSentiment	—	—	—	—	—	—	2.180** (0.029)	3.552* (0.091)	1.139** (0.033)
GrossRate	−2.398 (0.180)	−1.652 (0.910)	−3.687 (0.190)	−0.277* (0.069)	0.434* (0.100)	−0.002** (0.021)	0.149*** (0.009)	−0.017 (0.917)	0.103 (0.418)
IncomeRate	−3.423*** (0.002)	−1.282* (0.091)	−1.738** (0.011)	−0.136*** (0.027)	0.944* (0.035)	−0.705* (0.100)	−0.675*** (0.001)	−0.671* (0.018)	0.710*** (0.004)
TownGap	1.578** (0.032)	0.125* (0.010)	0.073* (0.093)	−2.225** (0.013)	−0.753* (0.030)	−0.412* (0.066)	0.075 (0.495)	0.218 (0.338)	0.004 (0.980)
CounGap	2.111 (0.109)	0.120 (0.233)	0.334 (0.411)	0.188 (0.494)	0.560 (0.263)	0.755 (0.779)	0.077 (0.287)	0.218 (0.154)	0.176 (0.137)
ToCouGap	1.282* (0.050)	0.615* (0.098)	0.166** (0.023)	−4.796 (0.113)	−1.388** (0.035)	−2.066* (0.082)	0.193* (0.098)	0.403* (0.092)	0.073* (0.065)
SocialEmploy	−0.401 (0.310)	−1.495 (0.110)	−0.163* (0.068)	0.512* (0.070)	0.120* (0.051)	0.279** (0.088)	−0.243** (0.043)	−0.145 (0.479)	−0.258 (0.131)
SocialSecurity	4.366 (0.209)	1.049 (0.892)	−0.731** (0.011)	3.576** (0.071)	−0.692 (0.124 0)	−2.209** (0.080)	−1.471** (0.025)	−1.840 (0.119)	−0.589 (0.478)
IncomeRate× TownGapRate	1.398*** (0.001)	0.718* (0.056)	0.030* (0.067)	−0.277 (0.110)	−0.434** (0.030)	−0.002 (0.401)	0.152** (0.021)	0.321* (0.081)	0.254* (0.073)
IncomeRate× TownCouRate	2.011** (0.046)	1.119* (0.091)	0.110* (0.091)	−0.136** (0.015)	−0.944 (0.309)	−0.705* (0.081)	0.186** (0.029)	0.444* (0.062)	0.190** (0.031)
MediaStrength	控制	控制	控制	控制	控制	控制	控制	控制	控制
AdminStrength	控制	控制	控制	控制	控制	控制	控制	控制	控制
LawStrength	控制	控制	控制	控制	控制	控制	控制	控制	控制
Adjust−R^2	0.900	0.822	0.810	0.711	0.683	0.652	0.831	0.851	0.912

注：表4-3每一格一中数据均为回归检验变量系数，下方对应括号里的数则是检验对应的Sig. O数值，数值右上方符号*、**、***分别代表检验在0.1、0.05、0.01水平下显著。

资料来源：笔者自制。

第三节 公平效率兼顾视角下的信用缺失治理对策

以上几个部分分析了经济发展与收入差距对社会信用的影响问题,在运用相关理论进行理论分析的基础上,结合我国社会建设相关数据进行相应的实证检验,从而得出了我国社会信用缺失治理的针对性结论,现在提炼出以下研究启示与治理对策:

第一,我国在建设中国特色社会主义征程中,不仅仅要注重发展效率,更要关注收入分配公平,否则再高的经济发展水平都不能够把社会建设成为和谐乐居的家园。可喜的是,党的十九大报告中明确提出社会基本矛盾已经转化为人民日益增长的美好生活需要和不平衡不充分的发展之间的矛盾,这一科学论断对我国社会主义建设的意义重大,直接为我国面向21世纪社会发展明确了方向和前进路线。

第二,上述实证检验数据显示,经济发展和收入差距交叉变量在计量经济模型中的回归系数大多为负数,这说明收入差距所带来的信用缺失驱动效应已经不可忽略了,所产生的负面效果已经远超过经济发展所带来的社会信用正面驱动效应,由此可见现阶段政府的工作重点应该放在缩小收入分配差距方面。当然不能因为分配问题重置而疏忽收入问题,归根到底"做大蛋糕"与"分配蛋糕"同样重要,只不过不同发展阶段有所不同、有所侧重而已。上述的政策宣示与工作重点的转变也进一步地佐证了十九大报告中所提出的社会主要矛盾转移的及时性与准确性。

第三,上述实证研究还关注了社会就业与社会保障因素的作用效果,无论是模型(4.1)还是模型(4.2)的检验都显示这些变量的重要性,两者都对社会信用产生显著的正面促进效应,可见我国应该充分把握好社会稳定的调节阀门,使社会主义优越性落实到人民生活中去,时刻不要忘记社会主义的精髓所在,在经济发展夯实国家经济实力基础上加大社会保障工作,从而有利于我国不同阶层的和谐稳定和国家建设层面的长治久安。

第四，上述实证研究结果还显示，要使社会稳定就得在经济发展与分配公平之间进行权衡，甚至于在一定情况下宁可降低经济发展速度也要注重社会公平。牺牲效率带来公平虽然不利于短期建设，但是长期来说是有利于整个社会的和谐稳定发展的。退一步就可以产生更多的进步，否则其所产生的社会信用缺失现象最终会吞噬社会经济发展的红利，使得整个社会经济发展的基础不复存在。

第五，任何社会都会出现不利于社会稳定的社会情绪，如何正确对待负面情绪的问题就摆在行政管理部门面前，加大对社会负面情绪的管控能力自然应该是社会的目标指向，努力营造积极向上的正面情绪更是题中之义。要让全体社会成员能够理智地对待各种不公平现象，积极探索调节社会负面情绪的各种方法，绝对不能让社会负面情绪的蔓延破坏社会和谐稳定的局面。

第六，由于社会经济发展不可避免地产生个体收入差距，并且个体收入增长与分配差距拉大现象将长期存在，因此历史与现实都已经证明，平均主义不是社会主义。"大锅饭"带来的祸害迄今没有完全肃清，平均主义在一定的土壤环境下就会打着各种"正义"的旗号死灰复燃，破坏来之不易的社会经济的发展。如何有效引导"相对贫困化阶层"的理性认知就成为全社会的共同问题，这不仅直接关系到个体的自我发展，而且关系到整个社会情绪的形成与社会的和谐稳定。

第五章
基于经济基础与上层建筑的社会信用缺失问题分析

第五章 基于经济基础与上层建筑的社会信用缺失问题分析

第一节 经济基础与上层建筑的驱动逻辑分析

一、经济基础与社会信用之间的关系分析

马克思在《政治经济学批判》①序言中,对经济基础和上层建筑的理论作了精辟的表述,他指出:"人们在自己生活的社会生产中发生一定的、必然的、不以他们的意志为转移的关系,即同他们的物质生产力的一定发展阶段相适合的生产关系。这些生产关系的总和构成社会的经济结构,即有法律的和政治的上层建筑竖立其上并有一定的社会意识形式与之相适应的现实基础。"恩格斯写的《反杜林论》②与《路德维希·费尔巴哈和德国古典哲学的终结》③等著作对经济基础与上层建筑理论作了进一步的丰富和发展。由此可见,经济基础主要是指与一定生产力相联系的生产关系的总和,因此主要包括生产资料所有制、生产过程中人与人之间的关系和分配关系等三个方面,具体应该包括产权结构、收入水平、分配结构以及生产力发展水平等等。上层建筑则是建立在经济基础之上的社会意识形态以及相应的政治法律体系等等。换句话说,经济基础应该包括所有制结构、分配关系、经济发展与个人收入水平等等,上层建筑则应该包括意识形态、宗教信仰、法治发展、行政治理、监督机制等等,社会信用问题是经济基础和上层建筑共同作用下的产物,也必然是由经济基础和上层建筑两者合力共同作用驱动的,由此引致了社会信用问题以及信用缺失问题所带来的一系列社会问题。当然,经济

---

① 《政治经济学批判》是 K. 马克思在 1857 年 10 月至 1858 年 5 月写的一部政治经济学巨著。
② 《反杜林论》(全名《欧根·杜林先生在科学中实行的变革》)是德国思想家、哲学家、革命家弗里德里希·恩格斯创作的马克思主义著作,首次出版于 1878 年。
③ 这是恩格斯为论述马克思主义哲学同德国古典哲学的关系,阐明马克思主义哲学基本原理而写的一部重要的哲学著作。写于 1886 年,同年发表在德国社会民主党理论杂志《新时代》的第 4~5 期上。1888 年出版单行本。20 世纪 20 年代末 30 年代初传入中国,曾出版过林超真、彭嘉生、张仲实等人的 6 种译本。

基础与上层建筑失衡会带给社会不同程度的社会信用缺失问题。

显然，正如马克思主义理论所指出的，无论社会意识形态如何，社会经济发展都是社会前进的主要驱动力，古今中外大量历史事实同样也说明了这样一个事实：在天灾人祸不断的时候盗贼蜂起，整个社会陷入混乱迷茫状态，社会信用遭到前所未有的破坏。我们在以上几章的论述中多次提到我国古代很多思想家的论述，这里不妨再次强调一番，目的就在于说明我国古代哲学家同样具备丰富的社会治理智慧，这真是应了"半部《论语》治天下"的谚语。在春秋战国时期，古代哲学家管仲在《管子·牧民》中提出"仓廪实则知礼节，衣食足则知荣辱"，西汉著名思想家贾谊则是在《论积贮疏》中直接指出"仓廪实而知礼节，民不足而可治者，自古及今，未之尝闻"，东汉思想家、史学家班固在《后汉书》中同样也提出"衣食足而知荣辱，廉让生而争讼息"……换句话说，社会经济发展对人们社会信用意识的培养存在正向促进作用，但是社会信用意识的培养反过来也严重影响社会经济的发展。

那么，在社会经济发展之后自然会带来社会信用水平的提高吗？答案是否定的，很多社会经济的发展并没有带来社会的稳定，反而引起整个社会的动乱，主要原因就在于经济发展的果实没有得到合理的分配。我国自古以来都有"不患寡而患不均"的思想，更有"均贫富"与"人间大同"的梦想，社会的贫富差距过大轻则产生社会戾气，重则激发社会动荡。也就是说，要使得"仓廪实"达到"知礼节"的良性状态，不仅仅要政府的"仓廪实"，而且要做到社会个体的"仓廪实"。马克思主义理论中的"物质决定意识"和"意识对物质的反作用"都认为物质在整个社会意识形态中起着决定作用，意识在一定条件下可以对物质起着巨大的反作用，但是意识形态的反作用不可能超越客观现实存在，任何超越社会物质基础的意识形态都难以得到社会绝大多数人的认可，不仅在理论上会破产而且在实践中会处处碰壁。再高尚的主义、思想一旦超越了时代背景，就不仅不能促进社会经济发展，反而会带来人间悲剧。这就反衬出中国特色社会主义初级阶段理论的伟大所在，邓小平理论划时代的出现已经在社会主义初级阶段建设中发出耀眼的光芒，必将影响着全世界的国际共产主义运动，为广大发展中国家提供极大的借鉴作用，中华民族的伟大复兴即将成为指日可待的事实。

究其原因——经济基础与上层建筑之间互动关系的权衡。人类最基本的需求没有得到满足之前,任何涉及人类高尚道德情操的意识形态都是苍白无力的,正如美国著名心理学家亚伯拉罕·马斯洛在其经典文献《人类激励理论》中所指出的那样,人类心理发展包括五个层次,即生理需求、安全需求、社交需求、尊重需求和自我实现需求等。这里第一位的需求是生理需求,也就是人们对物质基础的需求,在此基础上才能逐步过渡到尊重需求和自我实现需求。美国心理学家亚当斯在1965年提出的公平理论[①]认为,员工的激励程度来源于对自己和参照对象的报酬和投入比例的主观比较感觉,社会成员的公平感不是来源于个人收入而是来自收入的社会比较,一旦不公平感蔓延到整个社会,社会成员便会产生集体心理挫折,自然会产生对整个社会的不信任感,从而势必感到自己的善良愿望被"邪恶"的社会滥用了。近年来我国很多学者也对社会分配与社会信用之间的关系进行了研究,例如冯辉(2016)研究认为社会信用水准的提高有助于社会形式公平与实质公平的实现,李培林(2016)与胡小勇等(2016)运用社会调查方法研究认为我国各个社会阶层公平缺失的关键在于社会信用缺失,持相同观点的还有才国伟等(2016)、曹静晖等(2017)。换句话说,尽管收入分配差距确实和个人能力存在紧密的关系,一定的收入分配差距是可以起到激励社会个体活力的作用,但是当社会分配差距大到社会个体没有办法逾越时便会使整个社会产生心理焦虑,自然而然地便会在社会成员之间植下彼此怀疑的种子,最终必然会导致社会群体对社会的不信任情绪加重,持续的量变必然会带来整个社会信用认知的质变,社会信用水平断崖式下降便不可避免地出现了。基于以上分析,我们提出如下假设:

H5-1:经济发展与个人收入的提高有助于社会信用水准的提高,反之,社会信用水准的提高也有助于经济发展与个人收入的提高。

H5-2:当社会成员的收入分配差距越来越大时,整个社会的信用缺失状况就越严重。反之,当整个社会信用缺失现象越来越严重的时候,社会收入差距便越来越大。

---

① 公平理论是美国心理学家亚当斯在《工人关于工资不公平的内心冲突同其生产率的关系》(1962年,与罗森合写)、《工资不公平对工作质量的影响》(1964年,与雅各布森合写)、《社会交换中的不公平》(1965年)等著作中提出来的一种激励理论。该理论侧重于研究工资报酬分配的合理性、公平性及其对职工生产积极性的影响。

最后，我们来分析生产资料所有制结构与社会信用水平的逻辑驱动关系，也就是公有制与私有制在国民经济中的比重对社会信用的影响。从理论上说，公有制是人类历史上最先进的社会制度，所有社会成员必然都具备高尚的社会道德和个人社会信用水平，整个社会的社会信用水平应该远远高于任何私有制社会制度下的社会信用水准，更为重要的是我国公有制运行主体的背后都存在国家强大的财政支持与信誉担保，任何经济形势的变化都难以动摇公有制主体，更不会出现在私有企业中常见的坑蒙拐骗现象。另外，由于私有制的本质就在于唯利是图，因此不择手段降低成本、增加收入是私有企业的常态，市场动荡带来的经营风险更会加剧私人企业的信用缺失风险，特别是法治建设的缺失刺激了私有经济经营的原始欲望，极大地释放了原始资本主义经营方式的血腥特征，坑蒙拐骗不时成为私有经济经营发展的"成功"模式，所有这些都严重恶化了社会上人与人之间的交往关系，大幅降低了社会信用道德水准。这也可以从我国改革开放以来的社会道德水平普遍降低的事实得到验证，更可以从目前投资领域的"闻私则躲"现象中得到现实验证，并且私人投资一般都要拉上公有制主体作为背书主体的存在，这种现象的本质就是私人经济本身的信用缺失效应带来的恶果。

相关统计数据显示，企业主体的社会信用缺失者中在私人企业中的达到了90%以上，不断"爆雷"的P2P融资更是把私人企业信用缺失事实推到了全社会面前，但是公有制主体企业的社会缺失则难以寻觅。也就是说，社会信用建设的任务根本不可能由成千上万的私人企业来承担，而只能由国家鼎力扶持的公有制经济主体来承担，财政雄厚的国有主体有责任也有能力成为整个社会信用的压舱石，特别是在国家法治力量还不健全的环境下更为如此。于是，根据上述分析我们提出如下假设：

H5-3：我国公有制经济占比成分越高，那么整个社会的社会信用水准就越高；反之，我国私有制经济成分越高，那么整个社会的社会信用水准就越低。

二、上层建筑与社会信用之间的关系分析

中国特色的社会主义制度赋予了国家各级行政司法机构巨大的权力与责任，同时也使得各级行政机构在社会中具备巨大的权威示范效应，当然与

第五章　基于经济基础与上层建筑的社会信用缺失问题分析

此同时也对社会形成巨大的信用缺失外溢效应。国内外政治学者的研究都认为政府部门的社会信用一旦遭到社会的质疑，那么势必引起雪崩式社会信用缺失行为，西方古典政治哲学著作——霍布斯的《利维坦》[1]、洛克的《政府论》[2]和卢梭的《社会契约论》[3]等都认为政府社会信用本质在于政府与公民之间的社会契约，一旦社会契约被政府破坏而受到广泛的质疑，自然会导致整个社会的社会信用信心受到打击，从而使得整个社会信用缺失行为处于失控状态，所带来的社会信用缺失传导效应怎么形容也不为过。事实上，政府服务人民的思想不仅见诸西方政治哲学著作，而且也广泛见诸无产阶级革命领袖的论述中，无产阶级革命导师列宁在其著作《论无产阶级在这次革命中的任务》[4]中写道"吹牛撒谎是道义上的灭亡，它势必引向政治上的灭亡"。所有这些都说明政府社会信用施政的必要性，如果政府社会信用普遍受到社会公众的质疑，那么整个社会的"礼崩乐坏"便呼啸而至，到最后即使政府实施社会信用的行为也会受到整个社会的怀疑，而这种"塔西佗陷阱"的代价势必需要整个社会来承担。

当然，社会信用与政府社会信用是互为促进相辅相成的，政府社会信用对社会信用产生巨大的外溢影响，社会信用也存在对政府社会信用的促进影响作用，毕竟政府的任何行为是不可能独立于社会之外的。历史与现实都一再证明，任何朝代的初期都是朝气蓬勃积极向上的。究其原因，朝代建政之初统治者都能够吸取历史教训励精图治，之后随着统治者的松懈就逐步显露出纲纪败坏的社会景象，本质原因就在于失去监督的权力拥有者能

---

[1]《利维坦》(Leviathan，全名为《利维坦，或教会国家和市民国家的实质、形式和权力》，又译《巨灵论》)是托马斯·霍布斯创作的政治学著作，1651年首次出版，本书参考的中译本由黎思复和黎廷弼译，商务印书馆1985年出版。

[2]《政府论》是英国约翰·洛克(John Locke)于1689—1690年出版的政治著作，汇集了洛克的主要政治哲学思想，不仅使洛克成为古典自由主义思想的集大成者，而且对于后世的现实政治产生了深远的影响。该书分为上下两篇，上篇集中驳斥了当时占统治地位的君权神授说和王位世袭论，下篇系统地阐述了公民政府的真正起源、范围、目的。本书参考的中译本由叶启芳和瞿菊农译，商务印书馆1964年出版。

[3]《社会契约论》(又译《民约论》，或称《政治权利原理》)是法国思想家让-雅克·卢梭于1762年出版的政治著作。本书参考的中译本由何兆武译，商务印书馆2003年出版。

[4]《论无产阶级在这次革命中的任务》一文最初发表于1917年4月7日《真理报》第26号，署名尼·列宁，随后为俄国各地的布尔什维克报纸所转载。

够通过规避责任追究来获取利益输送的好处，即使社会上所有个体社会信用良好也没有办法阻止政府行政机构的信用缺失腐败行为。可以说，在政府社会信用行为与社会信用行为之间，政府社会信用行为对社会信用缺失存在巨大的溢出效应，而社会信用行为仅仅对政府社会信用行为存在影响，但是难以形成压倒性的影响效果。于是，根据上述分析我们在此提出如下假说：

H5-4：国家权力机构对整个社会信用存在显著的社会信用示范效应，即权力机构社会信用行为对社会信用存在巨大的外溢效应；同理，权力机构的信用缺失行为对整个社会的信用缺失行为也存在巨大的示范效应。

辩证唯物主义理论认为，物质决定意识，但是意识存在对物质的反作用，并且在特定情况下意识的反作用能够超过任何物质的作用。值得指出的是，新中国成立初期全国上下一致的社会信用支撑了全社会的和谐建设，"五讲四美三热爱"活动、"学习雷锋好榜样"活动以及学习各种先进人物活动等都促进了整个社会风气的建设，"社会信用光荣、信用缺失可耻"的思想已经成为那个时代的标志，但是在改革开放之后市场经济改革使得一些官员迷失了前进的方向，丧失了理想、信念、立场以及革命斗志，他们不仅不能够对社会成员发挥着社会信用示范效应，反而对社会成员存在逆向的信用缺失示范效应，"利益至上、不择手段"竟然成为相当数量的社会个体的生存圭臬。由此可见，要使得整个社会能够重新树立社会信用光荣的风气，在社会信用行为惯性思维的基础上形成一种信用意识，首先就必须要求各级官员切实践行党纪国法，正如我国古代大思想家孔子在《论语·子路篇》中所指出的："其身正，不令而行；其身不正，虽令不从。"习近平总书记以高屋建瓴的眼光屡次告诫各级高级官员，认为领导干部干干净净干事是马克思主义政党性质和宗旨的内在要求，并且明确指出修身立德为官廉洁是许多思想家倡导的政治主张，也是一些正直的士大夫终身恪守的为官准则，更是共产党员立身处世的行为准则。近年来，在习近平新时期中国特色社会主义建设思想的指导下，我国各级政府机构的行政行为得到了社会的广泛好评，体现新时代特征的社会信用光荣的风尚逐步形成。所有这些都足以说明这样一个事实，即政府机构的社会信用行为有助于社会信用意识形态的形成与巩固。于是，在此我们提出如下假设：

H5-5:国家权力机构的社会信用示范效应有助于全社会统一的社会信用意识形态的形成。

虽然说社会信用意识形态对社会成员的信用缺失行为能够产生约束作用,但是持久地约束作用仅仅凭借意识的力量是远远不够的,古今中外的历史与事实早已说明了制度化的信用缺失监控体系的重要性与不可替代性,即使再具备自律意识的人也不可能长久地生存在真空中,毕竟人性自私贪婪的弱点是难以在外界监督缺失状态下得到有效约束的。我国很多学者都从不同学科视角(包括政治学、经济学、社会学、行政管理学等学科视角)进行了研究,金太军和许开佚(2003)研究了我国香港廉政公署制度与廉政建设问题,提出系统制度化的监管是廉政公署取得辉煌成就的关键因素。田坤(2019)在已有制度监督研究基础上提出监察权的监督制约机制,提出全方位覆盖权力运作的机制才能够使全社会形成社会信用。方世南(2017)从政治文化的角度讨论了制度监督问题,认为只有构建全党认可并且积极践行的廉政文化,人民才能够产生发自内心的拥护,整个社会才能够达到高度的和谐。值得指出的是,习近平总书记屡次告诫全国各级官员要洁身自好,提出的"把权力关进制度的笼子里"的著名论述更是振聋发聩,生动地揭示了权力行使与制度监督之间的相辅相成的关系,精辟地指出"解放思想的目的就是为了更好统一思想"。

当然,制度监督仅仅是社会信用监督的一个重要组成部分,毕竟强力机关监督难以全方位地覆盖社会上所有信用缺失事件,于是新闻舆论监督就可以作为强力机构监督的必要补充,而舆论监督的功能可以从我国民间熟人诈骗事件相对较少的事实中得到佐证,也可以从信用缺失事件公开化之后就能够得到迅速有力地遏制这一事实上得到证明。于是,根据上述分析我们提出如下假设:

H5-6:强力机构监督与新闻舆论监督的有效发挥可以促进社会信用行为,反之,这些监管功能的缺失则会导致整个社会信用缺失行为的失控。

第二节 驱动逻辑的结构方程模型构建与检验

一、变量定义与度量

显然,上述所提出的假设 H5-1、H5-2、H5-3、H5-4、H5-5 与 H5-6 涉及经济基础、上层建筑以及社会信用等方面的多个变量之间的逻辑驱动关系,因此难以通过构建计量分析回归模型的方法进行假设检验,而擅长于处理多个变量之间逻辑驱动关系的结构方程模型便成为首选的分析检验模型了。于是,为了能够更好地运用结构方程模型来进行检验,首先必须对研究假设 H5-1、H5-2、H5-3、H5-4、H5-5 与 H5-6 涉及的定性变量进行梳理分析,然后在对定性变量进行理论分析基础上设计定量变量度量方法。其中经济基础涉及的变量包括宏观经济变量、微观经济变量以及收入分配变量等方面的指标,上层建筑所涉及的变量包括社会保障、社会信用意识、司法监督、行政执法、舆论监督和市场化进程等指标,社会信用类型变量包括社会信用变量和信用缺失变量等两个方面的指标。具体变量定义和符号表示如表 5-1 所示:

表 5-1 潜变量及相应的显变量定义一览表

潜变量/显变量	符号	潜变量/显变量	符号
宏观经济	A	商业信用缺失	I
国民收入	a_1	查处诈骗罪数	i_1
国民生产总值	a_2	查处盗窃罪数	i_2
居民最终支出总额	a_3	查处合同纠纷数	i_3
微观经济	B	查处不当得利数	i_4
集体企业景气指数	b_1	司法执法	J
私营企业景气指数	b_2	民事案件抗诉数	j_1
中型企业景气指数	b_3	行政案件抗诉数	j_2

续表

潜变量/显变量	符号	潜变量/显变量	符号
居民收入	C	刑事案件抗诉数	j_3
城市家庭可支配收入	c_1	政府社会信用	K
农村家庭可支配收入	c_2	政府社会信用指数	k_1
收入差距	D	贪腐贿赂抗诉数	k_2
城镇居民收入绝对差距	d_1	渎职侵权罪抗诉数	k_3
农村居民收入绝对差距	d_2	行政执法	L
城乡居民收入绝对差距	d_3	消费者举报处理次数	l_1
社会保障	E	侵害消费者权益次数	l_2
城镇最低保障人数	e_1	直销违法案件查处次数	l_3
农村最低保障人数	e_2	经济处罚查处次数	l_4
社会保障就业支出	e_3	国有比重	M
社会就业支出比例	e_4	国有投资比重	m_1
社会信用宣传	F	国有就业比例	m_2
社会信用见报次数	f_1	国有薪酬倍数	m_3
社会信用交易见报次数	f_2	社会信用	O
社会信用文化见报次数	f_3	个人社会信用指数	o_1
社会信用用工见报次数	f_4	企业社会信用指数	o_2
公民意识	G	社会信用指数	o_3
公民意识见报次数	g_1	舆论监督	H
公民监督见报次数	g_2	信用缺失惩戒报道次数	h_1
公民参与见报次数	g_3	信用缺失惩戒年鉴次数	h_2

资料来源：笔者自制。

表5-1显示宏观经济潜变量的度量显变量分别为国民收入、国民生产总值和居民最终支出总额等，微观经济潜变量的度量显变量分别为集体企业景气指数、私营企业景气指数和中型企业景气指数等。依此类推，可以列举出其他潜变量的度量显变量，不再赘述。值得说明的是，由于数据获得的局限性，表5-1中列举的度量显变量设计可能不尽合理，这里显变量度量数据基本来自中国知网数据库子库《中国经济与社会发展统计数据库》，而中

国小康社会信用指数数据则来自我国《小康》杂志社与清华大学媒介调查中心联合编制发布的小康社会信用指数。由于中国小康社会信用指数是2005年才开始编制发布的,所以这里收集了2005—2018年共14年期间的样本数据。此外,对于现有条件下实在难以度量的数据,这里尽量通过寻找客观代理变量的方式进行度量,例如社会信用宣传力度、公民意识形态和舆论监督等潜变量所对应的度量显变量都是通过统计关键词见报次数的方式进行的,从而使得这些难以度量的变量避免了主观调查数据度量思路,从最大程度上保证变量度量的客观性以及进一步研究结论的可信性。

二、结构方程模型设计与检验

表5-1中列举了结构方程模型所涉及的潜变量以及相应的度量显变量,但是由于很多潜变量都反映同一个社会现象,例如宏观经济变量与微观经济变量都可以反映经济发展形势,分配差距变量与社会保障变量都可以反映分配状况,行政执法变量与司法执法变量都可以反映强力监督,等等,所以为了能够全方位地运用结构方程模型进行检验,我们同时把这两个变量全部引入结构方程模型中去,如此不仅有助于检验不同变量的影响效果,而且能够有助于检验结构方程模型的稳健性。

首先根据上述所提出的假设H5-1、H5-2、H5-3、H5-4、H5-5与H5-6,我们描绘出如下所示的结构方程模型逻辑关系(见图5-1):

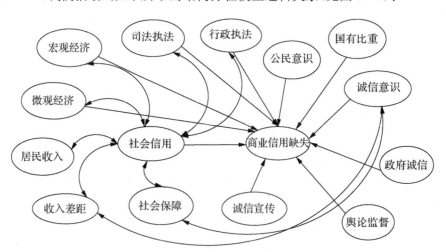

图5-1 结构方程模型变量逻辑关系图

资料来源:笔者自绘。

第五章 基于经济基础与上层建筑的社会信用缺失问题分析

结合表 5-1 所定义的各个潜变量对应的显变量,在对相关研究数据进行搜集整理加工基础上进行结构方程模型检验,具体检验结果如表 5-2 所示,这里系数 $C.R$ 表示检验的 t 检验值,$Estimates$ 表示结构方程模型中的线性回归系数的估计值,$S.E$ 表示估计值的标准误差。值得指出的是,为了便于结构方程模型的检验运行,这里对所有数据都进行了标准化处理,从而使得所有数据范围都在 $[0,1]$,也就避免了结构方程运行过程中可能出现的极端数值问题,从而保证了检验数据的正确性。

表 5-2 结构方程模型变量关系检验结果

回归系数	检验结果			回归系数	检验结果		
	$Estimates$	$S.E$	$C.R$		$Estimates$	$S.E$	$C.R$
社会信用<--宏观经济	0.009	0.206	10.26	商业信用缺失<--公民意识	−0.181	0.389	8.011
社会信用<--微观经济	0.005	0.217	3.792	商业信用缺失<--行政执法	−0.081	0.380	9.245
社会信用<--居民收入	0.009	0.085	11.42	商业信用缺失<--司法执法	−0.073	0.993	4.553
社会信用<--收入差距	−0.011	0.098	9.160	商业信用缺失<--宏观经济	−0.804	0.680	7.122
社会信用<--社会保障	0.014	0.109	7.980	商业信用缺失<--微观经济	−0.283	0.690	6.730
社会信用<--司法执法	0.015	0.182	3.085	收入差距<--社会信用意识	0.330	0.186	7.943
社会信用<--行政执法	0.023	0.679	7.748	社会保障<--社会信用意识	0.872	0.348	2.758
商业信用缺失<--社会信用	−0.024	0.013	3.104	商业信用缺失<--社会信用意识	−0.024	7.009	7.301
商业信用缺失<--社会信用宣传	−0.011	0.174	8.058	商业信用缺失<--国有比重	−0.018	0.182	9.935
商业信用缺失<--舆论监督	−0.009	0.106	5.457	商业信用缺失<--政府社会信用	−0.107	0.007	4.018

资料来源:笔者自制。

表 5-2 显示,在实证检验中所有假说检验数值中的 $C.R$ 值基本都大于 3,显示检验概率 P 值都在 0.01 水平下显著,并且涉及商业社会信用缺失的检验系数数值均为负数,而涉及社会信用的检验系数数值同样也是负数,这些都契

合社会信用变量与商业信用缺失变量的本身含义。在结构方程模型检验中，经济发展变量可以运用宏观经济与微观经济两个代理变量分别进行检验，分配关系变量则可以运用收入差距与社会保障两个代理变量分别进行检验，等等。检验结果显示，分别采用不同的代理变量进行检验之后的结果并没有发生变化，这说明了研究假设 H5-1、H5-2、H5-3、H5-4、H5-5 与 H5-6 成立与代理变量的不同没有关系，也说明研究假设的最终结果是稳健的。

三、检验结果分析

现在我们开始对表 5-2 中的不同检验结果进行详细的分析，表 5-2 中所列举的检验结果不仅仅说明了相关变量之间的变化趋势，还可以说明相关变量之间关系的变化幅度的大小。表 5-2 数据显示，对于社会信用变量作为被解释变量来说，解释变量中的宏观经济、微观经济、居民收入、收入差距、社会保障、司法执法与行政执法等变量的检验系数分别为 0.009、0.005、0.009、-0.011、0.014、0.015 与 0.023 等，可见检验系数绝对值最大的就是行政执法变量，其次是司法执法变量，实际上就是说，强力机构的严格监管有助于整个社会的社会信用水平的提高，而反映经济发展因素的宏观经济、微观经济与居民收入等变量尽管都对社会信用产生显著的效果，但是却没有收入差距变量所起的作用大，更没有办法与监管部门产生的作用进行比较了，这说明在我国收入差距因素已经成为影响社会信用的一个重要变量，也说明我国在社会发展中更需要权衡"公平与效率"之间的关系。这一论述与上一章关于收入分配的专门研究假设所得到的结论完全一致。

然后，我们再来分析商业信用缺失变量的影响因素。很明显政府社会信用、行政执法与司法执法等因素的检验结果与前几章的论述完全一致，这说明强力机构的言行举止对整个社会的社会信用建设发挥着重要的作用。

值得指出的是，商业信用缺失变量的一个解释变量因素是国有资金占比变量，实证模型检验系数为-0.018 的事实说明国有资金占比高的商业信用缺失事件少，这也说明了目前我国民营企业鱼龙混杂、道德水平堪忧，很多"跑路"的民营企业严重扰乱了社会秩序，因此加强对民营企业的社会信用管理刻不容缓，否则所带来的成本必将由整个社会承担，最终也不利于整个信用社会的健康发展，对民营企业本身的发展更不利。

第三节 社会信用缺失治理对策分析

在上述几个章节中我们讨论了经济基础与上层建筑对社会信用的驱动作用,研究显示尽管经济基础对社会信用存在一定的影响,但是上层建筑的影响力不可小觑,在某种程度上甚至超过了经济基础的影响。具体地说,经济发展与收入水平的提高确实有助于整体社会信用的保障,所产生的驱动效应不可忽视,它们的重要程度以及影响力远远超过了经济发展所带来的社会信用水平的提高。值得指出的是,在我国这样公有制占主体地位的国家里,私有制经济成分尽管对我国社会经济发展存在巨大的贡献,但是由此带来的商业信用缺失现象也越加严重。究其原因,我国目前的司法执法存在不尽如人意的地方,司法执法方面存在一些可操控空间,因此更加剧了社会信用缺失现象的蔓延和信用缺失成本的降低,从而也进一步验证了上述研究假设,即从某种程度上来说,国有经济成分对整个社会信用起着稳定的压舱石作用。由此可见,我国社会信用缺失问题的治理应该从以下几个步骤入手,以期形成社会信用治理的合力效应,具体思路如下:

第一,严格信用缺失司法执法,加大违法执法力度,提高信用缺失成本。由于任何信用缺失现象的终极目标就是获取更多的违法收益,真正能够使得信用缺失者得以改邪归正的最直接手段只能是违法收益的丧失,使信用缺失者在信用决策之前必须掂量信用缺失可能带来的损益,并且没有任何侥幸心理地考虑信用缺失惩罚,那么自然就会在经济利益源头上遏制信用缺失的利益驱动动机。

第二,加强体制内机构与人员的社会信用教育,从而充分发挥体制内机构与人员社会信用行为的示范引导效应。我国长期以来存在体制内外两种社会格局,体制内机构与人员在各个方面占有强势社会权力资源与经济利益资源,言行举止对整个社会存在决定性的示范性作用效应。尽管体制外机构与人员的数量庞大,但是所占有的各种资源根本没有办法与体制内机构与人员相比,因此这些机构与人员势必一切以体制内机构与人员言行举止为导向。因此对体制内机构与人员进行社会信用教育已经成为社会必修课程,任何把体制内机构与人员混同于体制外机构与人员的想法都是极其危险的。

第三,加大社会信用意识形态教育,充分发挥舆论监督机制,从而使得全社会形成"讲社会信用光荣、不讲社会信用可耻"的新风尚。公开透明的信用缺失监督固然对社会信用缺失现象有强力的防御效果,但是想要永远保持完全透明的监督势必要耗费巨大的社会成本,并且难以做到全过程无死角的监督,而植根于内心的社会信用意识却能够在社会信用死角发挥至关重要的作用,使得社会信用意识的内因与外因有机地交融,从而最大程度地发挥监督机制的作用,也更加能够使社会把有限的社会成本投入到特大重大的社会信用缺失的典型案件中去。

第四,加大对私营企业的社会信用监管,构建阳光社会信用评估与信用缺失预警平台。由于我国私营企业数量多,就业人口多,因此这些私营企业的作为就直接关系到社会上绝大多数人民的切身利益,但是私营企业本身追逐利润的动机以及法治意识的弱化,加上我国目前执法环境中的很多不尽如人意的地方等因素的综合作用使得私营企业经营信用缺失现象难以根治,而导致信用缺失的原因就是监督机制的不完善。因此只有充分发挥信用缺失监督功能,把私营企业的信用缺失行为公然暴露在广大人民群众之中,才能对私营企业形成强大的震慑力,使私营企业不敢承担巨大的社会信用缺失成本。

第五,加大社会收入分配机制改革,构建公平公正公开的社会运行机制。显然,社会收入差距的不断拉大势必导致整个社会和谐关系的终结,更会摧毁整个社会对上层建筑的信任,再强大的经济基础也难以发挥出驱动效应,而整个社会怀疑情绪一旦蔓延开来势必动摇我国社会稳定的基石,从而使得社会信用正确的价值观逐步被吞噬,反过来对整个社会经济基础与上层建筑的建设产生危害,这种危害怎么强调都不为过。

第六章
基于社会信用收益与监督成本的博弈分析

第一节　博弈模型构建的初步分析

已有社会信用缺失问题博弈研究范式一般都是基于社会信用缺失中交易个体与监管主体之间的博弈,所设计的博弈支付函数都仅仅运用一个代数字母来表示,这样简单的表示方法虽然有利于简化博弈分析过程,也有利于对问题的内在逻辑关系进行简明扼要的分析,却不利于深层次地揭示内在的逻辑驱动关系,更没有办法完整地反映社会信用建设过程中的内在逻辑机理以及涉及的影响因素,没有办法找到解决问题的突破口与内在逻辑路线图。

现在已有研究范式基础上进行进一步的拓展分析,这里依然假设博弈的直接主体是社会信用建设参与主体与强力监督机构参与主体,通过上述研究分析可以知道信息对称、舆论监督以及社会信用意识等因素都对社会主体社会信用选择存在直接的影响,并且所有这些因素都可以通过引入社会信用环境类型变量来解决。

接下来的问题就是,究竟如何度量博弈支付函数呢? 换句话说,博弈支付函数与哪些因素存在利益相关驱动关系呢? 现在通过构建相应的博弈分析函数,在构建相应的支付函数基础上进行博弈分析。首先,为了叙述的方便,现在引进如下符号:假如参与博弈主体仅仅包括社会信用建设参与主体($SocialPlayer$,简写为 SP)与强力监管主体($SupervisePlayer$,简写为 SU),不妨假设参与主体的决策有两种,即社会信用经营与信用缺失经营,而监管主体的决策也有两种,即监管到位与监管缺失,并且这些选择发生的概率如下($0 \leqslant \lambda_1, \lambda_2 \leqslant 1$)所示,并且有如下关系:

$$P\{SocialPlayer = Yes\} = \lambda_1, P\{SocialPlayer = No\} = 1 - \lambda_1,$$

$$P\{SupervisePlayer = Yes\} = \lambda_2, P\{SupervisePlayer = No\} = 1 - \lambda_2。$$

这里 Yes 表示相关博弈参与主体 $SocialPlayer$ 和监管主体 $SupervisePlayer$ 分别选择社会信用决策与监管到位决策,而 No 则表示选择信用缺失决策与监管缺失决策。

现在上述准备工作基础上讨论博弈支付函数的解析表达式,分别对经营是否诚实信用与监管是否到位的组合环境下不同参与主体的博弈支付函数进行分析,也就是从博弈主体决策的收入与成本费用等两个角度进行详细的分析,具体分析如下:

当 $SocialPlayer = \text{Yes}, SupervisePlayer = \text{Yes}$ 时,参与主体 $SocialPlayer$ 获得正常经营利得为 $Profit$,监管成本记为 $Cost$,显而易见,任何利得与成本耗费都与社会博弈环境类型变量存在逻辑关系,于是它们的博弈支付分别可以记为: $Profit$ 与 $Cost$。

当 $SocialPlayer = \text{Yes}, SupervisePlayer = \text{No}$ 时,参与主体 $SocialPlayer$ 获得正常经营利得为 $Profit$,但是由于监管缺失所增加的利润损耗为 $\Delta_1 Profit$,当然监管成本为 0,于是它们的博弈支付函数可以分别记为: $Profit - \Delta_1 Profit$ 与 0。

当 $SocialPlayer = \text{No}, SupervisePlayer = \text{Yes}$ 时,参与主体 $SocialPlayer$ 获得正常经营利得为 $Profit$,信用缺失收益为 $\Delta_2 Profit$,监管处罚为 $\Delta_3 Profit$,而监管成本为 $Cost$ 以及信用缺失产生的执法成本为 $\Delta_1 Cost$,于是它们的博弈支付函数可以记为: $Profit + \Delta_2 Profit - \Delta_3 Profit$ 与 $Cost + \Delta_1 Cost$。

值得指出的是,如果监管主体存在监管信用缺失收益的话,记为 $\Delta Profit_{Cost}$,那么监管主体支付函数修改为: $Cost + \Delta_1 Cost - \Delta Profit_{Cost}$。

当 $SocialPlayer = \text{No}, SupervisePlayer = \text{No}$ 时,参与主体 $SocialPlayer$ 获得正常经营利得为 $Profit$,信用缺失收益为 $\Delta_2 Profit$,监管缺失损耗为 $\Delta_1 Profit$,当然这里监管成本为 0,但是由于监管缺失导致处罚成本为 $\Delta_2 Cost$,于是它们的博弈支付函数可以记为:

$$Profit - \Delta_1 Profit + \Delta_2 Profit \text{ 与 } \Delta_2 Cost$$

现在上述讨论基础上分别对参与主体 $SocialPlayer$ 与监管主体 $SupervisePlayer$ 的决策进行分析。

首先,对参与主体 $SocialPlayer$ 来说,在 $SupervisePlayer = \text{Yes}$ 与 $SupervisePlayer = \text{No}$ 的社会环境下,参与主体进行决策时博弈支付分别记为 $SocialPayoff_{\text{YES}}$ 与 $SocialPayoff_{\text{NO}}$,并且有:

$$SocialPayoff_{\text{YES}} = \lambda_2 Profit + (1 - \lambda_2)(Profit - \Delta_1 Profit)$$
$$= Profit - (1 - \lambda_2) \Delta_1 Profit \quad (6.1)$$

$$SocialPayoff_{NO} = \lambda_2(Profit + \Delta_2 Profit - \Delta_3 Profit) + (1-\lambda_2) \cdot$$
$$(Profit - \Delta_1 Profit + \Delta_2 Profit)$$
$$= Profit + (\lambda_2 - 1)\Delta_1 Profit + \Delta_2 Profit - \lambda_2 \Delta_3 Profit$$
$$(6.2)$$

于是,当 $SocialPayoff_{YES} = SocialPayoff_{NO}$ 时,参与主体 $SocialPlayer$ 的任何选择都是无差别的,即 $\Delta_2 Profit = \lambda_2 \Delta_3 Profit$;

当 $SocialPayoff_{YES} > SocialPayoff_{NO}$ 时,即 $\lambda_2 \Delta_3 Profit > \Delta_2 Profit$ 时,参与主体的社会信用选择为最优决策;

当 $SocialPayoff_{YES} < SocialPayoff_{NO}$ 时,即 $\lambda_2 \Delta_3 Profit < \Delta_2 Profit$ 时,参与主体的信用缺失选择为最优决策。

换句话说,参与主体社会信用决策的关键在于比较 $\lambda_2 \Delta_3 Profit$ 与 $\Delta_2 Profit$ 的大小,即信用缺失惩罚与信用缺失收益之间的大小比较。可见只要加大监管惩罚就可以促使参与主体采取社会信用举措。

其次,同样记监管主体 $SupervisePlayer$ 决策 $SupervisePlayer = \text{YES}$ 与 $SupervisePlayer = \text{NO}$ 时的博弈支付分为 $SupervisePayoff_{YES}$ 与 $SupervisePayoff_{NO}$,并且有如下表达式:

$$SupervisePayoff_{YES} = \lambda_1 Cost + (1-\lambda_1)(Cost + \Delta_1 Cost - \Delta Profit_{Cost})$$
$$(6.3)$$

$$SupervisePayoff_{NO} = (1-\lambda_1)\Delta_2 Cost \qquad (6.4)$$

于是,当 $SupervisePayoff_{YES} = SupervisePayoff_{NO}$ 时,监管主体任何决策都是无差别的,即当 $Cost + (1-\lambda_1)\Delta_1 Cost = (1-\lambda_1)\Delta_2 Cost + (1-\lambda_1)\Delta Profit_{Cost}$ 成立时,决策符合无差别决策条件;

当 $SupervisePayoff_{YES} > SupervisePayoff_{NO}$ 时,即当 $Cost + (1-\lambda_1)\Delta_1 Cost > (1-\lambda_1)\Delta_2 Cost + (1-\lambda_1)\Delta Profit_{Cost}$ 成立时,监管缺失应该是监管主体最优决策;

当 $SupervisePayoff_{YES} < SupervisePayoff_{NO}$ 时,即当 $Cost + (1-\lambda_1)\Delta_1 Cost < (1-\lambda_1)\Delta_2 Cost + (1-\lambda_1)\Delta Profit_{Cost}$ 成立时,监管到位应该是监管主体最优决策。

换句话说,当不考虑监管信用缺失收益 $\Delta Profit_{Cost}$ 时,监管主体执法与否的关键在于比较成本 $Cost + (1-\lambda_1)\Delta_1 Cost$ 与 $(1-\lambda_1)\Delta_2 Cost$ 的大小,即监

管到位成本与监管缺失惩罚之间的大小比较。

总之,只要施加足够大的惩罚就可以使得社会信用缺失现象逐步消失。反之,如果没有足够大的信用缺失惩罚就难以使参与主体自觉地选择社会信用策略。也就是说如果监管缺失惩罚足够大,那么监管机构就有足够大的动力去认真监管执法。然而,当考虑监管收益 $\Delta Profit_{Cost}$ 时,对监管是否到位起影响作用的不仅仅是成本惩罚了,还包括监管信用缺失所产生的收益。

显然,一般情况下,由于我国基本上针对监管执行的是事后诉讼制度,加上监管缺失惩罚相当罕见,即 $\Delta_2 Cost = 0$,那么再加上监管收益 $\Delta Profit_{Cost}$ 缺乏的话,寄希望于监管机构的自觉行动只能是唯一选择了,这也是导致我国目前社会信用缺失普遍存在的关键因素;而一旦存在监管收益 $\Delta Profit_{Cost}$ 的话,那么所激活的信用缺失监督积极性则不可小觑,这也是为何很多监管机关积极查处违章交通,但对社会的小偷小摸并不积极治理。

第二节 博弈模型的进一步分析

现在来分析社会博弈环境中究竟存在哪些因素对博弈主体决策产生影响。已有文献研究发现,社会信用、信用信息对称性、媒介舆论监督、宏观经济形势、企业经营状况以及行政执法意志与力度等因素对社会主体社会信用经营收益、信用缺失利得、监管惩罚与利得成本等指标存在直接或者间接的逻辑驱动关系。这里为了叙述方便,分别用符号 $Intergrity$、$CreditInfo$、$Media$、$Economics$、$EntreStatus$ 和 $Adminpower$ 等表示上述所列举的影响因素,并且根据上述博弈分析结果知道这些因素与支付指标 $Profit$、$\Delta_2 Profit$、$Cost$、$\Delta_1 Cost$、$\Delta_2 Cost$ 和 $\Delta Profit_{Cost}$ 等变量之间的关系表达式。

现在沿着本章第一节的分析,分别对参与主体 $SocialPlayer$ 和监管主体 $SupervisePlayer$ 的决策战略支付函数进行代数表示,这里不妨令:

$$Social = SocialPayoff_{YES} - SocialPayoff_{NO} = \Delta_2 Profit - \lambda_2 \Delta_3 Profit \tag{6.5}$$

$$\begin{aligned}Supervise &= SupervisePayoff_{YES} - SupervisePayoff_{NO} \\ &= Cost + (1-\lambda_1)\Delta_1 Cost - (1-\lambda_1)\Delta_2 Cost - (1-\lambda_1)\Delta Profit_{Cost}\end{aligned} \tag{6.6}$$

这里为了讨论的方便,仅仅考虑社会信用程度类型变量对支付函数的影响,于是上述支付函数表达式可以进一步地详细表达为如下解析式:

$$Social = Social(Intergrity) = \lambda_2 \Delta_3 Profit(Intergrity) - \Delta_2 Profit(Intergrity)$$

$$\begin{aligned}Supervise &= Supervise(Intergrity) \\ &= Cost(Intergrity) + (1-\lambda_1)\Delta_1 Cost(Intergrity) - \\ &\quad (1-\lambda_1)\Delta_2 Cost(Intergrity) - (1-\lambda_1)\Delta Profit_{Cost}(Intergrity)\end{aligned}$$

正如上述分析所指出的,参与主体 $SocialPlayer$ 与监管主体 $SupervisePlayer$ 决策选择的关键分别在于决策支付函数 $Social$ 与 $Supervise$ 的正负号。

首先,对于 $SocialPlayer$ 来说,当 $Social=0$ 时,两边求导数,有

$$\frac{\partial \Delta_2 Profit}{\partial Intergrity}=\lambda_2 \frac{\partial \Delta_3 Profit}{\partial Intergrity} \tag{6.7}$$

这就意味着参与主体 $SocialPlayer$ 的信用缺失收益 $\Delta_2 Profit$ 相对于变量 $Intergrity$ 的变化率来说,数值是信用缺失损失 $\Delta_3 Profit$ 相对于变量 $Intergrity$ 的变化率的 λ_2 倍,而 $0<\lambda_2<1$ 的事实说明信用缺失收益变化率只要等于一个小于1的信用缺失损失变化率的 λ_2 倍时,就可以保持社会信用决策的无差别选择,这就说明参与主体更注重信用缺失收益,而对信用缺失损失敏感性不够,存在更多的侥幸获得心理以及更多的损失麻木心理。

但是,要使得参与主体选择社会信用决策,则必须使得 $\lambda_2\Delta_3 Profit > \Delta_2 Profit$,即

$$\lambda_2 \frac{\partial \Delta_3 Profit}{\partial Intergrity} > \frac{\partial \Delta_2 Profit}{\partial Intergrity} \tag{6.8}$$

$$\frac{\partial \Delta_3 Profit}{\partial Intergrity} > \frac{1}{\lambda_2}\frac{\partial \Delta_2 Profit}{\partial Intergrity} \tag{6.9}$$

由于 $0<\lambda_2<1$,于是 $1/\lambda_2>1$,这就意味着要使得社会信用决策成为参与主体的选择,就必须使得信用缺失损失 $\Delta_3 Profit$ 相对于信用变量 $Intergrity$ 的变化率,要远远大于信用缺失收益 $\Delta_2 Profit$ 相对于信用变量 $Intergrity$ 变化率的 $1/\lambda_2$,才能够满足决策者的目标取向,这也进一步说明了参与主体对于收益的敏感性远远大于损失的敏感性,否则更多情况下宁愿选择信用缺失而不选择社会信用。

其次,我们来分析监管主体 $SupervisePlayer$ 的选择问题,当监管决策无差别时有

$$Cost+(1-\lambda_1)\Delta_1 Cost=(1-\lambda_1)\Delta_2 Cost+(1-\lambda_1)\Delta Profit_{Cost}$$

即 $\quad Cost=(1-\lambda_1)(\Delta_2 Cost+\Delta Profit_{Cost}-\Delta_1 Cost) \tag{6.10}$

显而易见,等式左边是监管成本,右边是监管缺失惩罚成本,现在两边分别对 $Intergrity$ 求导数,有

$$\frac{\partial(\Delta_2 Cost+\Delta Profit_{Cost}-\Delta_1 Cost)}{\partial Intergrity}=\frac{\partial Cost}{(1-\lambda_1)\partial Intergrity} \tag{6.11}$$

由于 $0<1-\lambda_1<1$,所以有 $1/(1-\lambda_1)>1$。于是,上式说明监管处罚成本相对于社会信用变量 $Intergrity$ 的变化率来说,数值是监管成本相对于社

会信用变量 $Intergrity$ 的变化率的 $1/(1-\lambda_1)$ 的时候,监管到位与监管缺失的决策选择无差别。

当监管惩罚成本相对于 $Intergrity$ 变量的变化率来说,数值大于监管成本相对于 $Intergrity$ 变量的变化率的 $1/(1-\lambda_1)$ 时,监管机构选择监管缺失,反之则选择监管到位,即依次存在如下关系式:

$$\frac{\partial(\Delta_2 Cost + \Delta Profit_{Cost} - \Delta_1 Cost)}{\partial Intergrity} < \frac{\partial Cost}{(1-\lambda_1)\partial Intergrity} \quad (6.12)$$

$$\frac{\partial(\Delta_2 Cost + \Delta Profit_{Cost} - \Delta_1 Cost)}{\partial Intergrity} > \frac{\partial Cost}{(1-\lambda_1)\partial Intergrity} \quad (6.13)$$

第三节 仿真模拟与政策分析

为了能够更形象地对参与主体 $SocialPlayer$ 与监管主体 $SupervisePlayer$ 的决策选择进行描绘,现在拟通过对上述分析的模型代数表达结果进行仿真分析,从而达到揭示变量之间的内在逻辑关系与变化趋势关系的目的。这里首先对博弈双方支付之间的关系进行仿真分析,然后对博弈决策支付相对于不同变量的变化率之间的关系进行仿真分析,以达到形象地揭示博弈利得与决策之间关系的变化逻辑。

为了说明监管概率对决策函数的影响,根据上述分析绘制参与主体 $SocialPlayer$ 决策的无差别线演化趋势,以及这一变量与监管概率 $P\{SupervisePlayer=\text{Yes}\}=\lambda_2$ 之间的关系图,具体如图 6-1 所示,其中横轴表示信用缺失损失 $\Delta_3 Profit$,纵轴表示信用缺失收益 $\Delta_2 Profit$。可见随着监管概率 λ_2 的提高,参与主体决策的无差别线不断抬高,这就意味着只有更多的信用缺失收益才会使得参与主体信用缺失,可知监管严格是构建社会信用保证的前提。

同样,对于监管主体来说,$SupervisePlayer$ 决策的无差别线演化趋势与社会信用选择概率 $P\{SocialPlayer=\text{Yes}\}=\lambda_1$ 之间的关系如图 6-2 所示,其中横轴表示监管与执法成本 $Cost+(1-\lambda_1)\Delta_1 Cost$,纵轴表示监管惩罚与收益 $(1-\lambda_1)\Delta_2 Cost+(1-\lambda_1)\Delta Profit_{Cost}$,其中所蕴含的规律与上述类似。

此外,还可以发现,随着社会信用概率的提高,监管主体的决策无差别线不断下移,这就意味着监管奖励越来越少的情况下也能够保持积极监管状态。

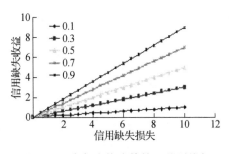

图 6-1 参与主体决策的无差别线与监管概率 λ_2 关系图

图 6-2 监管主体决策的无差别线与参与主体社会信用概率 λ_1 关系图

资料来源：笔者自绘。

图 6-1 与图 6-2 中的数值分别是监管概率 λ_2 与参与主体社会信用概率 λ_1 的不同取值，相应的曲线则是不同取值情景下的变化趋势，从而实现对相关博弈环境类型变量的影响进行描绘性分析。

显然，上面的研究已经描述了参与主体社会信用选择的关系式，可知信用缺失收益 $\Delta_2 Profit$ 与社会信用 $Intergrity$ 存在负相关关系，信用缺失损失 $\Delta_3 Profit$ 与社会信用 $Intergrity$ 存在正相关关系，于是在不考虑其他任何因素条件下，不妨令它们的解析表达式如下所示：

$$\Delta_2 Profit = (Intergrity)^m, \Delta_3 Profit = (Intergrity)^n, m<0, n>0$$

令
$$f(Intergrity) = \lambda_2 (Intergrity)^n - (Intergrity)^m \quad (6.14)$$

于是
$$\frac{\partial f(Intergrity)}{\partial Intergrity} = \lambda_2 n (Intergrity)^{n-1} - m (Intergrity)^{m-1} \quad (6.15)$$

为了形象地描绘社会信用变量 $Intergrity$ 对 $f(Intergrity)$ 及其导数 $\frac{\partial f(Intergrity)}{\partial Intergrity}$ 的影响，现对它们进行仿真分析，具体如图 6-3 和图 6-4 所示。这里，图 6-3 和图 6-4 分别描绘了 $m<0$ 和 $n>0$ 的绝对值不断增加时 $f(Intergrity)$ 和 $\frac{\partial f(Intergrity)}{\partial Intergrity}$ 值的变化趋势，其中横轴表示社会信用度，纵轴表示函数值及导数值。图 6-3 显示随着社会信用度的提高，更多参与主体信用缺失损失越来越大而信用缺失收益越来越小，图形越来越向左下方移动意味着参与主体信用缺失选择空间越来越小。图 6-4 则显示随着社会信用度的提高，信用缺失损失与信用缺失收益的敏感性越来越大，直接导致了整体敏感性的提高，所以图形显示出的发展趋势更加陡峭，这里 $\lambda_2 = 0.3$。

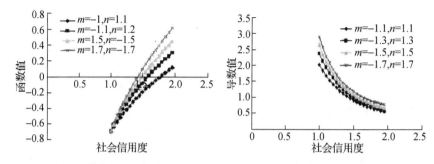

图 6-3 参与主体决策函数值与 m,n 关系图

资料来源:笔者自绘。

图 6-4 参与主体决策导数值与 m,n 关系图

资料来源:笔者自绘。

图 6-3 与图 6-4 中的系数 m,n 分别表示信用缺失收益 $\Delta_2 Profit$ 与信用缺失损失 $\Delta_3 Profit$ 的增长程度系数,在以上仿真分析基础上来分析监管主体 $SupervisePlayer$ 决策与社会信用变量关系。

可知,随着社会信用的提高,监管成本与执法成本不断降低,监管缺失惩罚成本不断提高,并且信用缺失监管奖励势必不断降低,于是不妨令这些变量的解析表达式为

$$Cost = (Intergrity)^u, \Delta_1 Cost = (Intergrity)^v,$$
$$\Delta_2 Cost = (Intergrity)^w, \Delta Profit_{Cost} = (Intergrity)^z。$$

其中,$u<0, v<0, w>0, z<0$,并且令 $\lambda_1 = 0.5$,于是令决策函数表达如下:

$$g(Intergrity) = (Intergrity)^u + (1-\lambda_1)(Intergrity)^v - (1-\lambda_1)(Intergrity)^w - (1-\lambda_1)(Intergrity)^z \tag{6.16}$$

相应的函数值以及导数值与参数 u,v,w,z 之间的关系如图 6-5 和图 6-6 所示,图 6-5 显示随着社会信用度的提高,监管成本不断下降,监管机构选择监管的空间不断增大。图 6-6 显示随着社会信用度的提高,监管成本变化率不断提高,敏感性不断增大,也使得监管机构决策更加倾向于监管到位。

图 6-5 与图 6-6 中的参数 u,v,w,z 分别表示监管成本、执法成本、监管缺失惩罚成本与信用缺失监管奖励的变化率。值得说明的是,上述仅仅仿真分析了社会信用类型变量的影响,依此可以分析其他类型变量对博弈

分析的影响，限于篇幅不再赘述。

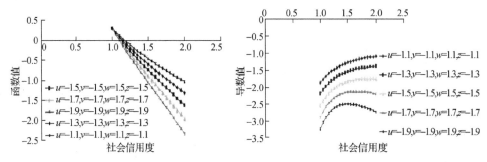

图 6-5　监管主体决策函数值与参数 u,v,w,z 之间关系示意图

资料来源：笔者自绘。

图 6-6　监管主体决策导数值与参数 u,v,w,z 之间关系示意图

资料来源：笔者自绘。

根据上述分析可知，社会信用缺失问题的博弈主要在社会参与主体与监管主体之间进行，两者的任何决策都是基于自身的利得，但是环境类型变量对决策主体存在巨大的影响，这里不仅仅包括上述讨论过的社会信用变量，而且还包括例如宏观经济发展环境变量、社会主体经济状况变量、信用信息对称性变量、行政社会信用监管倾向性变量等等，所有这些环境变量的综合作用决定着博弈主体的决策取向，也就是说唯有整个社会合作才能够达到社会信用构建目标。

总之，通过构建博弈分析模型对社会信用缺失治理问题进行了分析，研究认为社会信用缺失治理的关键在于参与主体与信用缺失主体决策收益与成本的权衡。研究表明，随着不对称信息程度的降低，信用缺失收益自然会下降，而监管执法成本也会下降，反之亦然。进一步研究指出，无论执法成本多么微小，不对称信息程度的提高终会使得执法成本提高到没有办法承受的程度；同样，无论信用缺失收益多么微小，随着时间的推移，不对称信息程度的提高也会使得信用缺失收益超过信用缺失成本。换句话说，上述理论分析与仿真分析均揭示了不对称信息程度对于博弈主体决策的影响是巨大的，在某种程度上甚至可以左右博弈参与主体与监管主体的举措。由此可见，要构建真正使得博弈主体存在内在驱动的职守担当，就必须首先构建公开透明的市场信用信息，如此才能最大程度上降低交易成本与监管成本，从而为构建信用社会奠定稳定的信息传递基础。

第七章
基于社会信用缺失监管治理的重复博弈分析

第一节 重复博弈主体的支付函数分析

现在第六章静态单次博弈分析基础上讨论动态重复博弈的情况，这里的分析是在上述分析基础上进行的，因此为了能更好地对比两者的异同，继续沿用以上分析所用的符号，在行文中不可避免地重复了上述参与主体博弈函数代数表达式，为了读者阅读方便，尽可能地对推导过程进行简化处理，从而使本书论述不至于显得累赘。

正如我们在上一章所采用的分析过程一样，首先必须对参与博弈的不同利益主体的支付函数进行分析，当然这里的主要博弈参与主体也简化为参与社会交易主体与社会信用缺失监管主体，依然记为 $SocialPlayer$ 和 $SupervisePlayer$ 两类，两者的决策空间都可以用（Yes，No）来表示。前者 Yes 表示社会参与主体践行社会信用，或者监管主体积极践行社会信用监管；而后者 No 表示社会参与主体没有践行社会信用，监管主体没有积极践行社会信用监管。于是基于参与与否和监管与否的含义，可以给出博弈参与主体在不同情形下的支付函数的代数表达式，具体分析过程如下：

当 $SocialPlayer=$ Yes，$SupervisePlayer=$ Yes 时，市场参与利益主体 $SocialPlayer$ 获得正常经营利得为 $Profit$，监管成本记为 $Cost$，可知，任何利得与成本耗费都与社会博弈环境类型变量存在逻辑关系，于是它们的博弈支付分别可以记为：$Profit$ 与 $Cost$。

当 $SocialPlayer=$ Yes，$SupervisePlayer=$ No 时，市场参与主体 $SocialPlayer$ 获得正常经营利得为 $Profit$，但是由于监管社会信用缺失主体的不作为所增加的利润损耗为 $\Delta_1 Profit$，当然监管成本为 0，于是它们的博弈支付函数可以分别记为：$Profit-\Delta_1 Profit$ 与 0。

当 $SocialPlayer=$ No，$SupervisePlayer=$ Yes 时，市场参与主体 $SocialPlayer$ 获得正常经营利得为 $Profit$，信用缺失收益为 $\Delta_2 Profit$，监管处罚为 $\Delta_3 Profit$，而社会信用缺失监管成本为 $Cost$ 以及信用缺失监督产生的

执法成本为 $\Delta_1 Cost$，于是它们的博弈支付函数可以记为：

$$Profit + \Delta_2 Profit - \Delta_3 Profit \text{ 与 } Cost + \Delta_1 Cost$$

值得指出的是，如果监管主体存在监管信用缺失收益的话，记为 $\Delta Profit_{Cost}$，那么监管主体支付函数修改为：$Cost + \Delta_1 Cost - \Delta Profit_{Cost}$。

当 $SocialPlayer = \text{No}$，$SupervisePlayer = \text{No}$ 时，市场参与主体 $SocialPlayer$ 获得正常经营利得为 $Profit$，信用缺失收益为 $\Delta_2 Profit$，监管缺失损耗为 $\Delta_1 Profit$，当然这里社会信用缺失监管成本为 0，但是由于监管缺失导致的处罚成本为 $\Delta_2 Cost$，于是它们的博弈支付函数可以记为：$Profit - \Delta_1 Profit + \Delta_2 Profit$ 与 $\Delta_2 Cost$。

对市场参与主体 $SocialPlayer$ 来说，在 $SupervisePlayer = \text{Yes}$ 与 $SupervisePlayer = \text{No}$ 决策时，两者的博弈参与支付函数分别记为 $SocialPayoff_{\text{YES}}$ 与 $SocialPayoff_{\text{NO}}$，并且有

$$\begin{aligned} SocialPayoff_{\text{YES}} &= \lambda_2 Profit + (1-\lambda_2)(Profit - \Delta_1 Profit) \\ &= Profit - (1-\lambda_2)\Delta_1 Profit \end{aligned} \quad (7.1)$$

$$\begin{aligned} SocialPayoff_{\text{NO}} &= \lambda_2 (Profit + \Delta_2 Profit - \Delta_3 Profit) + (1-\lambda_2) \cdot \\ &\quad (Profit - \Delta_1 Profit + \Delta_2 Profit) \\ &= Profit + (\lambda_2 - 1)\Delta_1 Profit + \Delta_2 Profit - \lambda_2 \Delta_3 Profit \end{aligned}$$
$$(7.2)$$

另外，对于博弈社会信用缺失监管主体 $SupervisePlayer$ 来说，博弈支付分为 $SupervisePayoff_{\text{YES}}$ 与 $SupervisePayoff_{\text{NO}}$，它们有如下代数表达式：

$$SupervisePayoff_{\text{YES}} = \lambda_1 Cost + (1-\lambda_1)(Cost + \Delta_1 Cost - \Delta Profit_{Cost})$$
$$(7.3)$$

$$SupervisePayoff_{\text{NO}} = (1-\lambda_1)\Delta_2 Cost \quad (7.4)$$

第二节 重复博弈状态下的决策分析

一、子博弈支付函数相同情形下的简单重复博弈

现在开始讨论社会信用缺失问题发生时候的动态博弈问题。这里首先假设动态博弈过程中子博弈结构相同,市场参与主体 $SupervisePlayer$ 与社会信用缺失监管主体 $SupervisePlayer$ 在不同决策的时候,它们的博弈主体支付函数如表 7-1 所示:

表 7-1 市场主体与监管主体博弈决策支付表

$GamePlayer$	$GamePlayer$	$SupervisePlayer$	
	$Probability/PayOff$	$P\{SupervisePlayer=\text{Yes}\}=\lambda_2$	$P\{SupervisePlayer=\text{No}\}=1-\lambda_2$
$Social\ Player$	$P\{Social\ Player=\text{Yes}\}=\lambda_1$	$(Profit, Cost)$	$(Profit-\Delta_1 Profit, 0)$
	$P\{SocialPlayer=\text{No}\}=1-\lambda_1$	$(Profit+\Delta_2 Profit-\Delta_3 Profit, Cost+\Delta_1 Cost-\Delta Profit_{Cost})$	$(Profit-\Delta_1 Profit+\Delta_2 Profit, \Delta_2 Cost)$

资料来源:笔者自制。

现在对市场参与主体 $SocialPlayer$ 与社会信用缺失监管主体 $SupervisePlayer$ 的动态分析结构进行详细的分析。由于这里假设所有动态博弈的重复子博弈结构相同,并且具体博弈结构如表 7-1 所示,表中博弈支付战略空间($Profit, Cost$)中, $Profit$ 与 $Cost$ 分别表示市场参与主体 $SocialPlayer$ 与社会信用缺失监管主体 $SupervisePlayer$ 的博弈决策支付函数,并且决策空间为(Yes, Yes),也就是博弈决策均为主动积极参与时的支付函数解析表达式。

与此分析类似的是,博弈支付战略空间($Profit-\Delta_1 Profit, 0$)中,决策空间为(Yes, No),也就是两者决策分别为社会信用主体积极参与,而社会信

用缺失监管主体则不积极参与时的情形。支付战略空间($Profit+\Delta_2 Profit-\Delta_3 Profit, Cost+\Delta_1 Cost-\Delta Profit_{Cost}$)则表示决策空间为($No, Yes$)时候的支付函数,也就是在社会信用主体不积极参与,而社会信用缺失监管主体积极参与时的情形。支付战略空间($Profit-\Delta_1 Profit+\Delta_2 Profit, \Delta_2 Cost$)则表示在决策空间为($No, No$)时候的支付函数,也就是在社会信用主体与社会信用缺失监管主体均不积极参与时的情形。

于是,当社会信用缺失监管主体选择积极监管的时候,社会市场交易主体存在社会信用践行与否两种选择。市场主体社会信用与社会信用缺失决策选择的子博弈支付函数代数式可以表示如下:

$$Profit 和 Profit+\Delta_2 Profit-\Delta_3 Profit$$

因此在 $t(1 \leqslant t \leqslant n, t \in N)$ 期内,两者决策各自的博弈支付和函数的解析表达式如下:

$$Profit(1+\delta+\delta^2+\cdots+\delta^t)$$

和 $(Profit+\Delta_2 Profit-\Delta_3 Profit)(1+\delta+\delta^2+\cdots+\delta^t)$

其中 δ 为折现率,$0<\delta<1$。

显然,当信用缺失利益大于社会信用践行利益时,决策主体就会一直选择信用缺失决策,即存在关系式 $\Delta_2 Profit > \Delta_3 Profit$。反之,则选择践行社会信用决策,即存在关系式 $\Delta_2 Profit < \Delta_3 Profit$。

另外,当存在市场参与主体信用缺失决策的时候,即遭到监管主体的积极作为受到惩罚的时候,社会信用缺失主体仅仅能够获得信用缺失决策的当期收益 $Profit+\Delta_2 Profit-\Delta_3 Profit$,但是没有可能获取之后的任何收益,于是社会信用决策所对应的支付函数分别表示如下:

$$Profit(1+\delta+\delta^2+\cdots+\delta^t) 和 (Profit+\Delta_2 Profit-\Delta_3 Profit)$$

于是,当存在 $Profit(1+\delta+\delta^2+\cdots+\delta^t) > Profit+\Delta_2 Profit-\Delta_3 Profit$ 时,市场主体选择践行社会信用决策,反之则选择社会信用缺失决策,即 $(2\delta-1)Profit > (\Delta_2 Profit-\Delta_3 Profit)(1-\delta)$ 时,市场主体选择践行社会信用,反之则选择社会信用缺失。同样,当社会信用缺失监管主体选择不积极监管时,市场主体信用缺失决策就是最优选择。关于两者之间关系式的分析过程与上述分析过程基本类似,也可以推导出基本类似的不等式。

当市场主体选择践行社会信用的时候,监管主体的最佳选择自然是不

积极监管,而当市场主体选择社会信用缺失时,那么监管主体选择监管与不监管的博弈支付函数表达式如下:

$$Cost+\Delta_1 Cost-\Delta Profit_{Cost} \text{ 与 } \Delta_2 Cost$$

于是,经过 t 期之后博弈支付和的函数表达式分别为:

$$(Cost+\Delta_1 Cost-\Delta Profit_{Cost})(1+\delta+\delta^2+\cdots+\delta^t)$$

和

$$\Delta_2 Cost(1+\delta+\delta^2+\cdots+\delta^t)$$

但是,如果存在不监管失职就会被取消监管资格的情况,那么监管主体选择认真履行监管职能与消极履行监管职能的时候,它们的博弈支付成本和表达式分别表示如下:

$$(Cost+\Delta_1 Cost-\Delta Profit_{Cost})(1+\delta+\delta^2+\cdots+\delta^t) \text{ 与 } \Delta_2 Cost$$

因此,当 $(Cost+\Delta_1 Cost-\Delta Profit_{Cost})(1+\delta+\delta^2+\cdots+\delta^t)<\Delta_2 Cost$ 时,也即 $(Cost+\Delta_1 Cost-\Delta Profit_{Cost})<\Delta_2 Cost(1-\delta)$ 时,监管主体就会选择监管到位,反之,则选择社会信用监管缺失决策。

二、子博弈支付函数不相同情形下的重复博弈分析

尽管在以上部分讨论了子博弈结构相同情形下的重复博弈,主要分析了决策战略空间表达式、支付战略空间表达式以及发生的收益关系式,但是,在现实博弈进程中如此相同的子博弈结构情况几乎难以出现,符合实际情况的事实应该是子博弈结构不完全相同的情形。具体地说,主要存在如下三种情况,即子博弈支付函数不相同、子博弈情景分布不相同以及支付函数和分布情景全部不相同的情况,现在对这些情形分别进行详细讨论。

正如上述分析所指出的,假如监管主体采取不监管选择时,市场主体的最佳选择为信用缺失,而当监管主体采取监管行为决策时,市场主体的选择存在社会信用与信用缺失两种选择,如何进行选择就取决于所获得的利益比较。显然,如果市场主体不断选择社会信用行为,监管主体的监督成本会不断降低;而市场主体不断选择信用缺失行为,那么监管主体的监管成本会不断提高,市场主体的信用缺失惩罚也会不断提高,并且信用缺失收益也会不断降低。于是,在第 $t(1\leqslant t\leqslant n, n\in N)$ 次博弈支付函数如表 7-2 所示:

表 7-2 市场主体与监管主体第 t 次博弈决策支付表

第 t 次博弈	GamePlayer	SupervisePlayer	
GamePlayer	Probability/PayOff	P{SupervisePlayer = Yes}=λ_2	P{SupervisePlayer = No}=$1-\lambda_2$
SocialPlayer	P{SocialPlayer = Yes}=λ_1	$(Profit, \frac{1}{2^{t-1}}Cost)$	$(Profit-2^{t-1}\Delta_1 Profit, 0)$
	P{SocialPlayer = No}=$1-\lambda_1$	$(Profit+\frac{1}{2^{t-1}}\Delta_2 Profit - 2^{t-1}\Delta_3 Profit, Cost + 2^{t-1}\Delta_1 Cost - \Delta Profit_{Cost})$	$(Profit-2^{t-1}\Delta_1 Profit + \frac{1}{2^{t-1}}\Delta_2 Profit, 2^{t-1}\Delta_2 Cost)$

资料来源：笔者自制。

于是，在监管主体积极监管决策环境下，市场主体选择社会信用或信用缺失，它们在 t 期内的博弈支付解析式分别表示如下：

$$Profit(1+\delta+\delta^2+\cdots+\delta^N) = \frac{Profit}{1-\delta}$$

和

$$\sum \delta^N (Profit + \frac{1}{2^{t-1}}\Delta_2 Profit - 2^{t-1}\Delta_3 Profit)$$

其中，后者可以进一步计算为：

$$\sum \delta^N Profit + \sum \frac{\delta^N}{2^{t-1}}\Delta_2 Profit - \sum \delta^N 2^{t-1}\Delta_3 Profit$$

$$= \frac{Profit}{1-\delta} + \Delta_2 Profit \sum \frac{\delta^N}{2^{t-1}} - \Delta_3 Profit \sum \delta^N 2^{t-1}$$

$$= \frac{Profit}{1-\delta} + \Delta_2 Profit \left[1+\delta\left(1+\frac{\delta}{2}+\cdots+\frac{\delta^{N-1}}{2^{t-1}}\right)\right] -$$

$$\Delta_3 Profit [1+\delta(1+2\delta+\cdots+2^{t-1}\delta^{N-1})]$$

$$= \frac{Profit}{1-\delta} + \Delta_2 Profit \left(1+\delta\frac{1}{1-\frac{\delta}{2}}\right) -$$

$$\Delta_3 Profit \left(1+\delta\frac{1}{1-2\delta}\right) \quad (这里 0<2\delta<1)$$

$$= \frac{Profit}{1-\delta} + 3\Delta_2 Profit - \Delta_3 Profit \left(\frac{1-\delta}{1-2\delta}\right)$$

于是，当

$$\frac{Profit}{1-\delta} > \frac{Profit}{1-\delta} + 3\Delta_2 Profit - \Delta_3 Profit \left(\frac{1-\delta}{1-2\delta}\right)$$

时,市场主体选择社会信用决策,反之则选择信用缺失决策,即当

$$\Delta_3 Profit\left(\frac{1-\delta}{1-2\delta}\right) > 3\Delta_2 Profit$$

时,市场主体选择社会信用决策,反之则选择信用缺失决策。

同样,在企业信用缺失决策环境下,监管主体积极监管与监管缺失在 t 期内的博弈支付函数分别表示如下:

$$(1+\delta+\delta^2+\cdots+\delta^t)(Cost+2^{t-1}\Delta_1 Cost-\Delta Profit_{Cost})$$
$$=(1+\delta+\delta^2+\cdots+\delta^t)(Cost-\Delta Profit_{Cost})+$$
$$(1+\delta+\delta^2+\cdots+\delta^t)2^{t-1}\Delta_1 Cost$$
$$=\frac{Cost-\Delta Profit_{Cost}}{1-\delta}+\Delta_1 Cost(1+2^0\delta+2\delta^2+\cdots+2^{t-1}\delta^t)$$
$$=\frac{Cost-\Delta Profit_{Cost}}{1-\delta}+2\Delta_1 Cost(1+2\delta+2^2\delta^2+\cdots+2^t\delta^t)$$
$$=\frac{Cost-\Delta Profit_{Cost}}{1-\delta}+\frac{2\Delta_1 Cost}{1-2\delta} \quad (这里 0<2\delta<1)$$

以及

$$(1+\delta+\delta^2+\cdots+\delta^t)2^{t-1}\Delta_2 Cost$$
$$=2\Delta_2 Cost(1+2\delta+2^2\delta^2+\cdots+2^t\delta^t)$$
$$=\frac{2\Delta_2 Cost}{1-2\delta} \quad (这里 0<2\delta<1)$$

于是,当

$$\frac{Cost-\Delta Profit_{Cost}}{1-\delta}+\frac{2\Delta_1 Cost}{1-2\delta}<\frac{2\Delta_2 Cost}{1-2\delta}$$

时,监管机构选择积极监管决策,也即当

$$\frac{Cost-\Delta Profit_{Cost}}{1-\delta}<\frac{2(\Delta_2 Cost-\Delta_1 Cost)}{1-2\delta}$$

时,监管机构选择积极监管决策,反之则采取监管缺失决策。

第三节 仿真分析与政策揭示

在上面几个部分我们讨论了重复博弈情形下的参与主体决策分析,研究结果显示,市场主体与监管主体的决策标准,主要取决于收益成本以及折现率等因素,然而这些收益成本的大小则取决于市场信息的不对称信息程度。可见,不对称信息程度越大,则监管成本越大,投机收益也越大,并且正常经营收益就越小,反之亦然。

现在把相关收益成本与不对称信息程度之间的变化关系列示如表 7-3,这里记社会信用信息不对称程度为 $Asymmetry$,并且假设 $Asymmetry \in [0,1]$,即当 $Asymmetry=0$ 时意味着完全信息对称,当 $Asymmetry=1$ 时意味着完全信息不对称,而当 $0<Asymmetry<1$ 时则意味着处于不对称信息环境之中,随着 $Asymmetry$ 的增大不对称信息程度则越严重。

表 7-3 不对称信息程度与博弈市场主体与监管主体收益成本关系

变量	符号	变化关系趋势分析
市场主体正常经营利润	$Profit$	如果 $Asymmetry \nearrow$,那么 $Profit \searrow$
市场主体正常经营成本	$Cost$	如果 $Asymmetry \nearrow$,那么 $Cost \nearrow$
市场主体监管缺失损失	$\Delta_1 Profit$	如果 $Asymmetry \nearrow$,那么 $\Delta_1 Profit \nearrow$
市场主体信用缺失收益	$\Delta_2 Profit$	如果 $Asymmetry \nearrow$,那么 $\Delta_2 Profit \nearrow$
市场主体信用缺失处罚	$\Delta_3 Profit$	如果 $Asymmetry \nearrow$,那么 $\Delta_3 Profit \searrow$
监管主体执法成本	$\Delta_1 Cost$	如果 $Asymmetry \nearrow$,那么 $\Delta_1 Cost \nearrow$
监管主体信用缺失监督奖励	$\Delta Profit_{Cost}$	如果 $Asymmetry \nearrow$,那么 $\Delta Profit_{Cost} \nearrow$
监管主体监管缺失处罚	$\Delta_2 Cost$	如果 $Asymmetry \nearrow$,那么 $\Delta_2 Cost \searrow$

资料来源:笔者自制。

表 7-3 显示了不同收入成本变量与不对称信息程度之间的关系变化趋势,显然上述所列示的收入成本等项目随着不对称信息程度 $Asymmetry$ 变

化而变化,它们变化的快慢速率与信息不对称程度存在密切的关系。此外,为了仿真分析的方便,这里列示了 Asymmetry=0 时的变量取值情况,这里 δ=0.05,具体仿真图形如图7-1、图7-2所示,图7-1和图7-2中的横轴都表示不对称信息程度,而纵轴则表示不同主体的决策判别函数值。

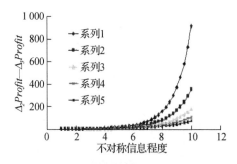

图7-1　不对称信息程度与市场主体信用缺失决策(一)
资料来源:笔者自绘。

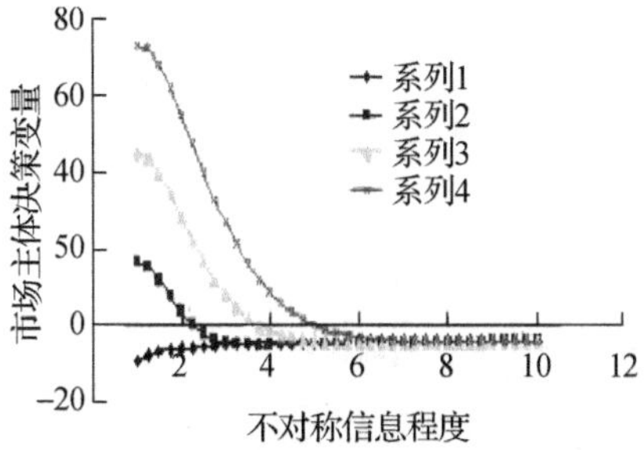

图7-2　不对称信息程度与市场主体信用缺失决策(二)
资料来源:笔者自绘。

图7-1中的系列1~系列5情形和图7-2中的系列1~系列4情形,分别代表不对称信息程度系数 Asymmetry 取不同数值时的数值变化趋势。

图7-1系列图形表示子博弈支付相同环境下市场主体信用缺失决策在于信用缺失收益与信用缺失惩罚数值大小,其中纵轴表示市场主体决策变量关系式 $\Delta_2 Profit - \Delta_3 Profit$,可见任何不对称信息程度都会驱使市场主体选择不同的信用缺失决策。系列1~系列5分别表示信用缺失收益 $\Delta_2 Profit$ 与不对称信息程度不同函数关系式的决策图形,依次假设它们之间的函数关系式分别为 $3(·)^{1/10}$、$3(·)^{1/12}$、$3(·)^{1/14}$、$3(·)^{1/16}$ 和 $3(·)^{1/18}$ 等,而信用缺失损失 $\Delta_3 Profit = 3/(·)$,这里符号(·)表示不对称信息程度 Asymmetry(下同,不再赘述)。显而易见,即使信用缺失收益表示为 $3(·)^{1/18}$,其所产生的信用缺失收益随着不对称信息程度的增加也会呈现井喷式的增加,从而驱动市场主体选择信用缺失而不选择社会信用。

图7-2中的系列1~系列4则显示子博弈支付不相同环境下,随着不对称信息程度的加大,市场主体社会信用决策依然由信用缺失收益与惩罚关系确定,这里纵坐标表示市场主体决策变量关系式为:

$$(\Delta_3 Profit - \Delta_2 Profit)(1-\delta) - (1-2\delta)Profit$$

这里 $Profit=10/(\cdot)$，$\Delta_2 Profit=3(\cdot)^{1/16}$，而系列 1～系列 4 中 $\Delta_2 Profit$ 则依次为 $3(\cdot)^{-1}$、$30(\cdot)^{-1}$、$60(\cdot)^{-1}$ 和 $90(\cdot)^{-1}$ 等。可见尽管惩罚初始值不断提高，并且信用缺失得益随不对称信息程度下降速度递减，但是依然会导致市场主体选择信用缺失，因此只要存在不对称信息的社会环境就会导致市场主体选择信用缺失。

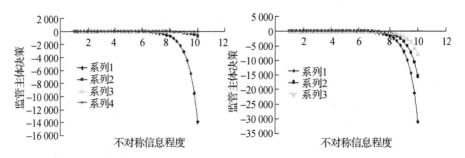

图 7-3　不对称信息程度与监管主体监管决策(一)

资料来源：笔者自绘。

图 7-4　不对称信息程度与监管主体监管决策(二)

资料来源：笔者自绘。

图 7-3 中的系列 1～系列 4 和图 7-4 中的系列 1～系列 3 分别表示不对称信息程度 $Asymmetry$ 取不同数值时的变化趋势，图 7-3 显示了子博弈支付相同条件下市场主体信用缺失时的监管决策关系图，这里纵坐标监管主体决策解析式表示如下：

$$\Delta_2 Cost(1-\delta)-(Cost+\Delta_1 Cost-\Delta Profit_{Cost})$$

并且假设 $Cost$、$\Delta_2 Cost$ 和 $\Delta Profit_{Cost}$ 依次为 $(\cdot)^{1/10}$、$5(\cdot)^{-1/6}$ 与 $(\cdot)^{1/4}$，系列 1～系列 4 的执法成本 $\Delta_1 Cost$ 依次假设为 $(\cdot)^{1/6}$、$0.5(\cdot)^{1/8}$、$0.25(\cdot)^{1/10}$ 与 $0.125(\cdot)^{1/12}$。可见无论初始执法成本多么小、增长速度多么慢，总会存在超过奖励的时候，于是随着不对称信息程度的提高，最终的结果将导致整个监管缺失。

图 7-4 显示了子博弈支付不同条件下市场主体信用缺失时的监管决策关系图，这里纵坐标监管主体决策解析式表示如下：

$$\frac{2(\Delta_2 Cost-\Delta_1 Cost)}{1-2\delta}-\frac{Cost-\Delta Profit_{Cost}}{1-\delta}$$

其中，$Cost$、$\Delta_2 Cost$ 和 $\Delta Profit_{Cost}$ 分别假设为 $0.5(\cdot)^{1/4}$、$0.5(\cdot)^{-1/6}$ 与 $0.5(\cdot)^{1/4}$，而系列 1～系列 4 的执法成本 $\Delta_1 Cost$ 依次假设为 $(\cdot)^{1/6}$、

$0.5(\cdot)^{1/8}$、$0.25(\cdot)^{-1/8}$ 与 $0.125(\cdot)^{1/10}$。可见随着不对称信息程度的提高,无论初始执法成本多么小、增长速度多么慢,最终依然会使监管机构放弃监管。

根据上述分析可知,社会信用缺失问题的博弈主要在社会参与主体与监管主体之间进行,两者的任何选择都是基于自身的利得,但社会信用环境类型变量对决策主体存在巨大的影响,这里不仅仅包括前面讨论过的社会信用变量,而且还包括例如宏观经济发展环境变量、社会主体经济状况变量、信用信息对称性变量、行政社会信用倾向性变量等等,所有这些环境变量的综合作用决定着博弈主体的决策取向。由此分析可以得到如下结论:

第一,社会信用缺失的本质在于社会个体对利益的贪婪追逐,因此仅仅依赖思想政治教育工作是难以解决问题的,只有通过提高信用缺失成本才能够使信用缺失主体真正产生心灵的震撼,从而得以在社会实践中收敛信用缺失行为。

第二,社会信用缺失并不是孤立的社会个体行为,而是一定社会环境下的社会个体行为,因此在社会信用缺失治理时应该特别关注社会环境的作用,特别地对社会信用环境进行分析,在找出社会信用危机产生的原因基础上设计提升社会信用意识的途径,从而使社会信用成为整个社会个体行动的指南。

第三,尽管社会信用缺失治理需要加大监管成本的付出,但是短期的严格监管势必会形成社会信用的提升,从长远来说反而会降低社会信用缺失治理成本,也会使整个社会的社会信用水平得到显著的提升。

第八章
基于社会信用缺失治理驱动的系统动力学分析

第八章 基于社会信用缺失治理驱动的系统动力学分析

第一节 社会信用缺失系统分析

一、系统边界界定

系统动力学理论(SD,system dynamics)是1956年由美国麻省理工学院(MIT)的福瑞斯特(J. W. Forrester)教授[①]提出的,这是一门分析研究信息反馈系统的学科,也是一门认识系统问题和解决系统问题的交叉综合学科。该学科的建立基于系统论并且吸收了控制论、信息论以及计算机学科理论的精髓,属于一门综合自然科学和社会科学的横向交叉学科,主要思想包括"凡系统必有结构,系统结构决定系统功能"的系统科学思想,根据系统内部组成要素互为因果的反馈特点,从系统的内部结构来寻找问题发生的根源,而不是用外部的干扰或随机事件来说明系统的行为性质。该研究理论与方法一经提出就引起了社会广泛的关注,已经成功地被应用到了很多社会科学研究领域,包括供应链管理、产业政策制定、创新能力、市场营销、金融政策以及社会系统决策分析等等。

显然,社会信用缺失问题作为社会系统中的一种社会现象,必然与很多存在相互直接或者间接影响关系的因素组成社会信用/信用缺失系统,并且这种社会信用/信用缺失系统可以根据各自的主要功能分为不同功能的子系统,包括经济发展、法治建设、收入分配、新闻传播、民间舆论、行政管理、信息公开、文化教育、意识形态以及宗教信仰等子系统,而正是这些互相独立又互相影响的子系统的共同作用构成了社会信用/信用缺失系统。任何一个子系统运行都会对其他子系统的运行产生不可忽略的影响,进而对整个社会信用/信用缺失系统产生影响。换句话说,社会信用系统要想健康地发挥作用,就必须依赖各个功能子系统的良好运作,任何一个子系统运作的

[①] 系统动力学是福瑞斯特教授于1956年为分析生产管理及库存管理等企业问题而提出的系统仿真方法,最初叫工业动力学。

不配合都可以带来整个系统的不和谐。

根据以上几个章节的分析讨论,可以知道社会信用/信用缺失系统包括众多子系统,每个子系统都有本身的运行规律,只有这些子系统处于良好的运行状态,才能够使得整个系统处于良性运行状态。于是,基于系统动力学原理对系统中各个子系统进行分析,并且描述出这些子系统之间的关系,具体如图8-1所示:

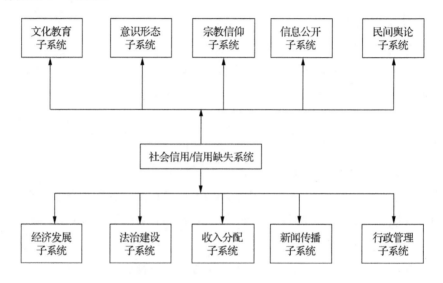

图8-1 社会信用/信用缺失系统组成图

资料来源:笔者自绘。

二、系统假设

为了方便研究,这里对我国社会信用/信用缺失系统及其相应组成子系统作如下假设,从而使得系统条件符合系统动力学模型构建条件,具体系统假设如下:

H8-1:社会信用/信用缺失系统是一个封闭的系统,这个系统是由各个相互作用的子系统共同作用而形成的自循环系统,所有子系统都已经得到考虑,不存在任何没有得到考虑的子系统。

H8-2:社会信用/信用缺失系统及其共同发生作用的子系统中的所有影响因素都已经得到充分考虑,不存在没有得到考虑的任何其他影响因素。

H8-3:这里不考虑不同国家社会信用系统运行之间的相互影响,也不考虑极端性情况下国家政治经济法律措施对系统运作的影响。

值得说明的是,这里仅仅是为了研究的需要,并不是说社会信用/信用缺失系统就仅仅与这些子系统存在相互影响关系,更不能说明这些子系统能够完整地代表所有与社会信用/信用缺失系统存在相互联系的子系统,当然更不代表所有国家与地区的社会信用/信用缺失子系统都可以封闭运行,不同国家社会信用/信用缺失系统的外溢效应更不应该被忽视。进一步地说,图8-1中所列举的子系统仅仅是在综合已有研究文献成果基础上提炼出的相对重要的子系统,所有未涉及研究的子系统有待今后进一步研究。

三、因果关系反馈回路图

为了更好地对社会信用缺失现象的各种影响因素进行深层次的研究,也为了能够更好地构建社会信用系统动力学分析模型,现在根据相关领域知识构建如下所示因果关系反馈回路1~回路8。值得说明的是,这里所梳理的因果关系反馈回路是基于相关领域知识进行逻辑分析得来的,但是并不代表系统内所有的因果反馈回路都能够得到全面反映。这里的领域知识包括不对称信息理论、马斯洛需求层次理论、社会公平理论、激励惩罚相容理论、法学理论以及中国特色社会主义建设理论等等。

在前面几章实证研究与规范研究中已经运用过这些理论,也运用这些理论提出过相关研究假设。为了方便读者阅读以及保持本书叙述的连续性,这里把图8-1所涉及的理论做一个相对简明扼要的叙述。

第一,不对称信息理论认为社会信息不对称程度越高的社会,就越会产生有利于利益集团的寻租机会,只有消除不对称信息才能使任何利益主体都无法非法获利,那么就可以无限地逼近整个社会的公平公正的理想状态。

第二,马斯洛需求层次理论认为人的发展沿着五个需求层次努力,包括生理需求、安全需求、社交需求、尊重需求和自我实现的需求。当社会经济发展到一定层次之后,人的需求就会转向参与社会管理以及提高自身精神素质的需求,于是就表露出更多的公民意识的苏醒以及参政议政的需求等等。

第三,社会公平理论认为社会个体收入分配差距不断地增大,就会使得社会个体加大对社会公平的质疑,以及对社会信用缺失运作的怀疑,最终导致整个社会弥漫着互不信任的紧张气氛。

第四,激励惩罚相容理论认为社会上存在一整套有序的信用缺失惩罚行政司法体系,该体系有利于整个社会信用意识的树立与巩固。

第五,中国特色社会主义理论认为社会和谐发展的基石在于公平公开公正的治理国家理念,依法治国、民主开放应该成为社会建设的基石。

于是,根据上述理论分析,我们可以列举出如下不同变量自循环因果关系反馈回路图,其中符号⊕表示两个变量之间存在正向驱动作用,⊖表示两个变量之间存在负向驱动作用。

回路1:

社会信用意识——⊖商业信用缺失程度——⊖微观企业效益——⊕宏观经济发展——⊕个人收入水平——⊕社会信用意识

回路2:

社会信用意识——⊕司法执法公信力——⊕商业信用缺失惩罚力度——⊖商业信用缺失程度——⊕社会信用意识

回路3:

宏观经济发展——⊕微观企业效益——⊕个人收入水平——⊕教育机会——⊕社会信用教育——⊖商业信用缺失程度——⊕宏观经济发展

回路4:

司法执法公信力——⊖商业信用缺失程度——⊕微观企业效益——⊕宏观经济发展——⊕个人收入水平——⊕社会信用教育——⊕社会信用意识——⊕司法执法公信力

回路5:

信用缺失信息公开——⊕社会信用意识——⊖商业信用缺失程度——⊕微观企业效益——⊕宏观经济发展——⊕个人收入水平——⊕公民意识——⊕信用缺失行政处分——⊕信用缺失信息公开

回路6:

舆论监督力度——⊕信用缺失行政处分——⊕信用缺失法律惩戒——⊕司法公信力——⊕社会信用意识——⊖商业信用缺失程度——⊕微观企业效益——⊕宏观经济发展——⊕个人收入水平——⊕公民意识——⊕舆论监督力度

回路7：

理想信念强度──→⊖收入分配差距──→⊕社会信用意识──→⊖商业信用缺失程度──→⊕个人收入水平──→⊕社会信用教育机会──→⊕理想信念强度

回路8：

新闻舆论监督──→⊕行政监督力度──→⊕司法监督力度──→⊖商业信用缺失程度──→⊕宏观经济发展──→⊕微观企业效益──→⊕社会保障水平──→⊕社会信用指数──→⊕公民意识──→⊕新闻舆论监督

现在根据上述所列举的反馈回路1～回路8的内容，描绘出如图8-2所示的因果关系反馈图：

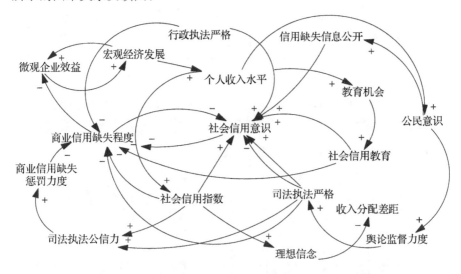

图8-2　因果关系反馈图

资料来源：笔者自绘。

四、系统动力学分析流图

以上我们讨论了社会信用系统各个影响因素之间的因果关系，并且运用自循环因果关系回路分析反馈图来描述变量之间的驱动关系，从而揭示了各个不同影响因素之间互相影响、互相作用的内在逻辑驱动关系。为了更好地反映系统内部各个因素之间的逻辑作用关系，也为了能够更科学地构建系统动力学模型，这里通过引进状态变量（方框变量）、辅助变量以及速率变量等，在图8-2的基础上进一步描绘出系统动力学模型构建分析流图，具体如图8-3所示：

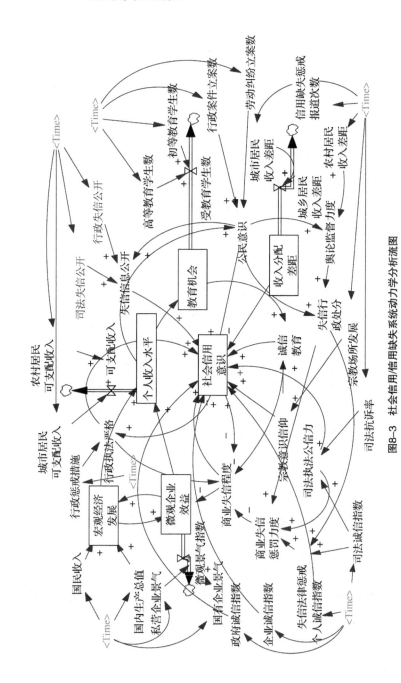

图8-3 社会信用缺失系统动力学分析流图

资料来源：笔者自绘。

第二节 系统动力学模型分析

一、变量度量和变量关系分析

为了进一步对图 8-3 所示的系统动力学流图进行分析,首先对图 8-3 中所涉及的状态变量和辅助变量进行度量分析。

这里为了度量计算的方便对所有变量数据进行标准化处理,从而把这些变量的量纲都加工处理为没有任何量纲的指标变量,具体换算公式如下:

100×(指标度量值-指标最小值)/(指标最大值-指标最小值)

于是,经过此标准化处理之后的变量度量指标都无任何量纲,并且数值都在[0,100],但是为了叙述的方便,本书依然用原有度量变量符号来表示。由于这里研究所涉及的变量基本都可以按照度量目的划分为客观性变量和主观性变量,其中客观性变量数据直接来自中国知网数据库子库《中国经济与社会发展统计数据库》,收集整理了 2000—2015 年共 16 年间的相关度量数据。主观性变量数据首先运用寻找代理变量的方法确定,只有在难以寻找代理变量的情况下才运用专家打分计分法进行度量。

值得说明的是,这里还存在一种变量,例如宏观经济发展与微观企业发展等变量,这些变量基本上属于客观性的,但是由于目前并没有专门的指标变量来度量,于是这里采用几个含义相近的指标复合度量的方法进行度量,在此称之为混合型变量。在所有这些变量中,通过中国知网数据库子库《中国经济与社会发展统计数据库》指标可以度量的变量包括国民生产总值、国民收入、受教育学生数、信用缺失行政处罚、司法抗诉率、商业信用缺失惩罚、宗教场所发展、劳动纠纷立案数、行政案件立案数、司法信用缺失公开、行政信用缺失公开、城市可支配收入、农村可支配收入、行政惩戒措施、国有企业景气和私有企业景气等,通过《小康》杂志社年度发布的我国社会生活指数度量的变量包括个人社会信用指数、企业社会信用指数、政府社会信用指数和司法社会信用指数以及社会信用指数等,通过中国知网全网报纸数据库中"信用缺失惩戒"关键词出现次数来度量的变量是信用缺失惩戒报道次数变量。

于是,在对上述这些变量进行度量的基础上,并在进行理论分析的基础上,结合相关领域专家分析结论,写出如下所示状态变量表达式:

宏观经济发展=INTEG(0.3×国内生产总值+0.3×国民收入+0.4×微观企业效益,初始值)

微观企业效益=INTEG(0.3×微观景气指数-0.3×商业信用缺失程度+0.3×宏观经济发展,初始值)

个人收入水平=INTEG(0.3×宏观经济发展+0.4×可支配收入+0.3×微观企业效益,初始值)

社会信用意识=INTEG(0.2×信用缺失信息公开+0.2×宗教意识信用+0.2×行政执法严格+0.2×司法执法公信力+0.2×社会信用教育+0.2×个人社会信用指数+0.2×企业社会信用指数+0.2×政府社会信用指数-0.2×收入分配差距-0.2×商业信用缺失程度+0.2×公民意识,初始值)

教育机会=INTEG(受教育学生数×0.4+个人收入水平×0.6,初始值)

收入分配差距=INTEG(0.7×城乡居民收入差距-0.3×宗教意识信用,初始值)

经过进一步分析,我们写出如下所示的相关辅助变量表达式:

信用缺失法律惩戒=0.5×信用缺失行政处分+0.5×司法社会信用指数

司法执法公信力=0.3×司法抗诉率+0.7×司法社会信用指数

商业信用缺失惩罚力度=0.4×信用缺失法律惩戒+0.3×信用缺失行政处分+0.3×司法执法公信力

宗教意识信仰=0.7×宗教场所发展

信用缺失行政处分=0.5×公民意识+0.5×舆论监督力度

商业信用缺失程度=100-(0.3×商业信用缺失惩罚力度+0.2×社会信用意识+0.3×行政执法严格+0.2×社会信用教育)

第八章 基于社会信用缺失治理驱动的系统动力学分析

社会信用教育＝0.5×教育机会＋0.5×宗教意识信用

舆论监督力度＝0.5×信用缺失惩戒报道次数＋0.5×公民意识

公民意识＝0.5×个人收入水平＋0.2×劳动纠纷立案数＋0.3×行政案件立案数

信用缺失信息公开＝0.3×公民意识＋0.35×司法信用缺失公开＋0.35×行政信用缺失公开

可支配收入＝0.5×城市居民可支配收入＋0.5×农村居民可支配收入

行政执法严格＝0.5×行政惩戒措施＋0.5×社会信用意识

个人收入水平＝0.3×宏观经济发展＋0.4×可支配收入＋0.3×微观企业效益

微观企业景气＝0.5×国有企业景气＋0.5×私营企业景气

最后,根据相关指标具体数据写出如下所示的辅助变量表函数表达式,这些表函数数据覆盖2000—2015年共16年的相关数据,具体表函数表示如下所示：

国民收入＝WITH LOOK UP([(0,1)－(15,100)],(0,1),(1,1.73),(2,3.63),(3,6.36),(4,10.57),(5,14.73),(6,20.32),(7,29.12),(8,37.7),(9,42.2),(10,52.83),(11,65.23),(12,74.36),(13,82.98),(14,91.76),(15,93))

国内生产总值＝WITH LOOK UP ([(0,1.5)－(15,100)],(0,1.5),(1,1.82),(2,3.68),(3,6.38),(4,10.56),(5,14.93),(6,20.43),(7,29.16),(8,37.61),(9,42.61),(10,53.58),(11,66.62),(12,75.29),(13,84.63),(14,92.93),(15,97.6))

私人企业景气＝WITH LOOK UP ([(0,5.7)－(15,100)],(0,5.7),(1,6.32),(2,16.62),(3,25.79),(4,34.01),(5,40),(6,42.85),(7,49.05),(8,52.54),(9,55),(10,60),(11,63),(12,65),(13,69.18),(14,73),(15,90))

国有企业景气＝WITH LOOK UP ([(0,49.3)－(15,100)],(0,49.3),(1,51.77),(2,53.59),(3,56.53),(4,57),(5,61),(6,68),(7,72),(8,78),(9,80),(10,82),(11,84),(12,87),(13,90),(14,93),(15,96))

政府社会信用指数＝WITH LOOK UP ([(0,0.5)－(15,100)],(0,

0.5),(1,0.78),(2,2.3),(3,4.31),(4,7.33),(5,9.78),(6,11.4),(7,20),(8,23),(9,30),(10,34),(11,37),(12,40),(13,43),(14,54),(15,56))

个人社会信用指数＝WITH LOOK UP ([(0,7.14)－(15,100)],(0,7.14),(1,8.38),(2,9),(3,14.76),(4,23.81),(5,30.48),(6,33),(7,39),(8,40),(9,42.86),(10,47.62),(11,50),(12,53),(13,58),(14,62.86),(15,79.05))

企业社会信用指数＝WITH LOOK UP ([(0,1.12)－(15,100)],(0,1.12),(1,2.35),(2,3.59),(3,4.3),(4,5),(5,5.3),(6,5.6),(7,5.8),(8,6.3),(9,6.47),(11,8.82),(12,17.65),(13,32.35),(14,50.41),(15,90.59))

司法社会信用指数＝WITH LOOK UP ([(0,2)－(15,100)],(0,2),(1,2.1),(2,4),(3,7.98)(4,9.57),(5,11.07),(6,18.315),(7,22.93),(8,28.17),(9,36.575),(10,49.43),(11,51.08),(12,56.65),(13,69.11),(14,73.68),(15,88))

司法抗诉率＝WITH LOOK UP ([(0,43.77)－(15,100)],(0,43.77),(1,54.26),(2,45),(3,59.82),(4,63.91),(5,70.48),(6,75.26),(7,83.45),(8,88.54),(9,90.76),(10,92.82),(11,93),(12,94),(13,95),(14,96),(15,98))

司法信用缺失公开＝WITH LOOK UP ([(0,13)－(15,100)],(0,13),(1,23),(2,28),(3,31),(4,38),(5,41),(6,46),(7,51),(8,57),(9,62),(10,70),(11,74),(12,80),(13,84),(14,90),(15,96))

行政信用缺失公开＝WITH LOOK UP ([(0,5)－(15,100)],(0,5),(1,11),(2,20),(3,24),(4,33),(5,40),(6,48),(7,52),(8,60),(9,64),(10,70),(11,78),(12,80),(13,86),(14,90),(15,96))

行政惩戒措施＝WITH LOOK UP ([(0,7.63)－(15,100)],(0,7.63),(1,14.46),(2,23),(3,35),(4,43),(5,51.06),(6,56),(7,62),(8,66),(9,70),(10,79),(11,87),(12,90),(13,92),(14,95),(15,97))

行政案件立案数＝WITH LOOK UP ([(0,3.6)－(15,100)],(0,3.6),(1,10.1),(2,15),(3,21),(4,28),(5,31),(6,40),(7,48),(8,54),(9,

60),(10,67),(11,72),(12,76),(13,80),(14,88),(15,94))

劳动纠纷立案数＝WITH LOOK UP ([(0,2)－(15,100)],(0,2),(1,3.48),(2,8.76),(3,14.33),(4,22.44),(5,31.99),(6,35),(7,42),(8,50),(9,59),(10,65),(11,69),(12,76),(13,80),(14,85),(15,90))

城市居民可支配收入＝WITH LOOK UP ([(0,1.5)－(15,100)],(0,1.5),(1,2.27),(2,5.58),(3,8.59),(4,12.32),(5,16.51),(6,21.48),(7,29.42),(8,37.24),(9,42.71),(10,50.29),(11,60.88),(12,71.68),(13,81.05),(14,90.56),(15,96))

农村居民可支配收入＝WITH LOOK UP ([(0,0.5)－(15,100)],(0,0.5),(1,1.33),(2,2.61),(3,4.33),(4,8.02),(5,11.76),(6,15.66),(7,22.15),(8,29.43),(9,34.04),(10,43.03),(11,55.45),(12,66.48),(13,77.98),(14,89.67),(15,94))

高等教育学生数＝WITH LOOK UP ([(0,8)－(15,100)],(0,8),(1,9.22),(2,19.32),(3,31.25),(4,43.83),(5,54.89),(6,62.94),(7,66.76),(8,74.85),(9,80.99),(10,85.31),(11,89.11),(12,90.53),(13,92.65),(14,96.83),(15,98))

初等教育学生数＝WITH LOOK UP ([(0,13)－(15,100)],(0,13),(1,23),(2,34),(3,37),(4,44),(5,49),(6,52),(7,59),(8,64),(9,70),(10,73),(11,76),(12,80),(13,83),(14,88),(15,94))

城市居民收入差距＝WITH LOOK UP ([(0,1.62)－(15,100)],(0,1.62),(1,4.18),(2,9),(3,14.53),(4,19.56),(5,23),(6,29.15),(7,36.04),(8,46.25),(9,50),(10,56.52),(11,66.93),(12,73.26),(13,76.91),(14,83.76),(15,90.47))

农村居民收入差距＝WITH LOOK UP ([(0,1.5)－(15,100)],(0,1.5),(1,2.17),(2,4.34),(3,8.05),(4,11.05),(5,16.69),(6,23.29),(7,28.09),(8,35),(9,45),(10,57.12),(11,65.71),(12,79.11),(13,87.68),(14,90),(15,95))

信用缺失惩戒报道次数＝WITH LOOK UP ([(0,13)－(15,100)],(0,13),(1,32.43),(2,39),(3,43),(4,49),(5,53),(6,57),(7,63),(8,66),(9,69),(10,71),(11,74),(12,79),(13,83),(14,86),(15,89))

宗教场所发展＝WITH LOOK UP ([(0,9.72)－(15,100)],(0,9.72),(1,13.45),(2,15),(3,23.16),(4,34.03),(5,36.19),(6,43),(7,47),(8,51),(9,57),(10,62),(11,69),(12,71),(13,78),(14,83),(15,87))

二、变量变化趋势分析

为了对上述分析所构建的系统动力学模型进行详细的定量分析,这里首先对相关变量变化趋势进行趋势分析。图8-4(值得说明的是,这里横坐标表示年度,而纵坐标仅仅表示不同指标变化趋势,因此用数值表示并不需要标明单位,下同,不再赘述)显示了相关变量随着时间的推移都呈现不断上升趋势,例如宏观经济发展、微观企业效益、教育机会等状态变量,唯独城乡居民收入差距变量出现了逐年减少的趋势。所有这些都说明,随着社会经济的发展、公民教育机会的增多以及收入分配差距的缩小,社会信用体系就能够沿着健康的道路不断发展,相反就会不断恶化而导致整个社会信用缺失泛滥。

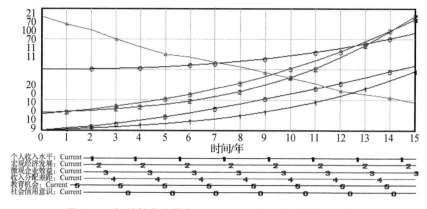

图8-4 相关状态变量在2000—2015年之间的变化趋势图

资料来源:笔者自绘。

图8-4中的文字标注依次为个人收入水平、宏观经济发展、微观企业效益、收入分配差距、教育机会与社会信用意识等变量,相应的图像也依次描述的是这些变量随着时间变化而变化的趋势。由于需要形象地反映不同状态变量随着时间变化而变化的趋势图,因此这里把所有状态变量的变化趋势图全部描绘在一个坐标图中,于是横坐标就是时间序列,而纵坐标便是这些变量的赋值。由于不同状态变量的度量单位存在不同,于是就简单地把图形标记为1、2、3、4、5、6,并且分别用两个赋值来表示这些变量的变化范

围,这样表示在上图 8-4 中左端纵坐标赋值变化范围分为上下两组数值,每组数值都是按照从上到下次序分别来表示这些不同趋势图的取值变化范围。

其次,我们对相关辅助变量在 2000—2015 年之间的变化趋势进行分析。图 8-5 描绘了政府社会信用、企业社会信用、个人社会信用以及信用缺失行政司法惩罚力度等变量的变化趋势以及与社会信用意识变量变化趋势的比较。显然,随着司法行政执法的不断严格,司法社会信用表现不断地展示出令人乐观的前景,连带也使社会个体、企业社会信用表现越来越令人满意,最终带动整个社会信用意识的提高。值得关注的是,宗教意识信仰指标变量表现在这 16 年间也呈现不断增大的趋势,这说明一定的宗教意识信用对整个社会信用意识的提高存在正面推动效应。

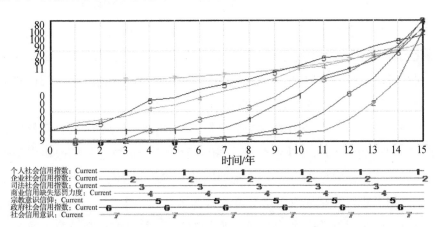

图 8-5　相关辅助变量在 2000—2015 年间变化趋势图

资料来源:笔者自绘。

图 8-5 中的文字标注依次为个人社会信用指数、企业社会信用指数、司法社会信用指数、商业信用缺失惩罚力度、宗教意识信仰、政府社会信用指数、社会信用意识,相应图像也依次描述的是这些变量随着时间变化而变化的趋势。图 8-5 趋势图的取值范围说明类似于图 8-4,也就是把上述相关变量的变化趋势图全部描绘在一个坐标图中,横坐标依然就是时间序列,而纵坐标便是这些变量的赋值,并且根据变量的个数多少简单地把图形标记为 1、2、3、4、5、6、7,并且分别用两个赋值来表示这些变量的变化范围,这样表示在上图 8-5 中左端纵坐标赋值范围分为上下两组数值,每组数值都是按照从上到下

次序分别来表示这些不同趋势图的取值变化范围。

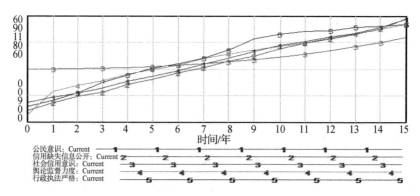

图8-6 相关变量在2000—2015年间变化趋势图

资料来源：笔者自绘。

最后，我们来分析公民意识、信用缺失信息公开、舆论监督、行政执法力度与社会信用意识等变量的变化趋势。显然图8-6展示了这些指标变量的变化趋势，整体来说表现是令人满意的。这些变化也可以从我国目前社会上民众参政议政意识的提高、司法机关的信用缺失人员信息的公开、行政信用缺失处罚信息的公开等措施中看出，在此不再赘述。

图8-6中的文字标注依次为公民意识、信用缺失信息公开、社会信用意识、舆论监督力度与行政执法严格等，相应的图像分别描述的是这些变量随时间变化而变化的趋势。图8-6趋势图的取值范围说明也类似于图8-4，也就是把上述相关变量的变化趋势图全部描绘在一个坐标图中，横坐标依然就是时间序列，而纵坐标便是这些变量的赋值，并且根据变量的个数多少简单地把图形标记为1、2、3、4、5，并且分别用两个赋值来表示这些变量的变化范围，这样表示在上图8-6中左端纵坐标赋值范围分为上下两组数值，每组数值都是按照从上到下次序分别来表示这些不同趋势图的取值变化范围。

三、敏感性测试分析

现在上述变量变化趋势分析基础上，讨论社会信用意识对不同变量变化的敏感性。这里准备选取司法执法公信力、信用缺失信息公开、宏观经济发展以及宗教意识信仰等变量进行测试，现在按照变量变化增量的0％、20％、40％、60％和100％等情形进行分析，通过分别描绘出变量的变化趋势以及相应的社会信用意识变量变化趋势，揭示不同变量变化对社会信用意识变量变化的敏感性。

值得说明的是，在以下配对图形中均包括某个变量变化趋势图和社会信用意识变量变化趋势图。首先以下系列图形中的司法执法公信力变量所带来的社会信用意识变量的变化增量最大，这说明强有力的司法执法力量是社会信用的保证，否则再严厉的政策没有强制力的配合最终都不可避免地沦为一张废纸。图8-7和图8-8分别为司法执行公信力变化幅度引起的社会信用意识变化幅度趋势图，并且整个趋势图不仅仅是静态度量而是采用动态变化趋势，因此上述图8-7和图8-8的横坐标都是时间序列，而纵坐标则分别为司法公信力变量以及随之变化的社会信用意识变化。

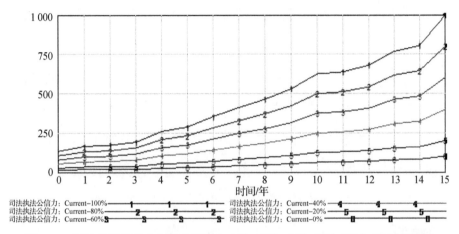

图8-7　司法执法公信力变量变化幅度0％、20％、40％、60％、80％、100％趋势图

资料来源：笔者自绘。

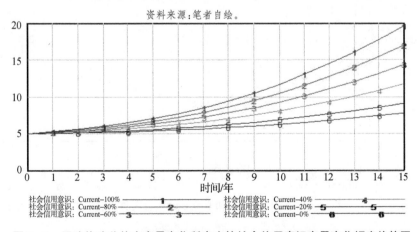

图8-8　司法执法公信力变量变化所产生的社会信用意识变量变化幅度趋势图

资料来源：笔者自绘。

其次,信用缺失信息公开变量变化引起的社会信用意识变量变化幅度也遥遥领先于其他变量,这说明信用缺失信息的公开化在使信用缺失行为得以曝光的同时也严重影响了信用缺失主体的经济关系,使得信用缺失主体在今后的经济行为中处于极为被动的状态,因此加大舆论监督、构建信用缺失行为公开化平台应该是社会信用建设的不可缺少的环节。具体变量变化趋势见图8-9和图8-10,两图分别为信用缺失信息公开化变量变化幅度引起的社会信用意识变化幅度趋势图,并且整个趋势图不仅仅是静态度量而是采用动态变化趋势,因此上述图8-9和图8-10的横坐标都是时间序列,而纵坐标则分别为信用缺失信息公开化变量以及随之变化的社会信用意识变量。

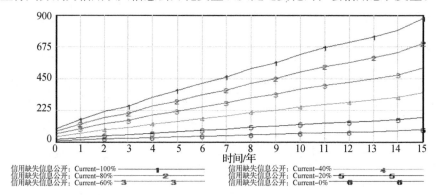

图8-9　信用缺失信息公开化变量变化幅度0%、20%、40%、60%、80%、100%趋势图

资料来源:笔者自绘。

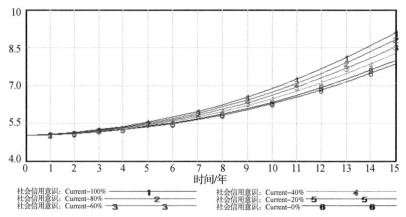

图8-10　信用缺失信息公开化变量变化所产生的社会信用意识变量变化幅度趋势图

资料来源:笔者自绘。

再次,我们来考虑宏观经济发展变量变化给社会信用意识变量变化带来的敏感度问题。显然,宏观经济发展变量变化引起的社会信用意识变量的变化幅度是很明显的,这说明经济发展是一切上层建筑的基础,社会信用意识作为精神层面的意识形态当然也不例外。由此可见宏观经济发展给整个社会信用治理所带来的影响力不可小觑,具体见图8-11和图8-12,两图分别为宏观经济发展变量变化幅度引起的社会信用意识变化幅度趋势图,并且整个趋势图不仅仅是静态度量而是采用动态变化趋势,因此上述图8-11和图8-12的横坐标都是时间序列,而纵坐标则分别为宏观经济发展变量以及随之变化的社会信用意识变量。

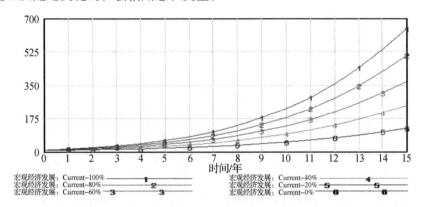

图 8-11　宏观经济发展变量变化幅度 0%、20%、40%、60%、80%、100%趋势图

资料来源:笔者自绘。

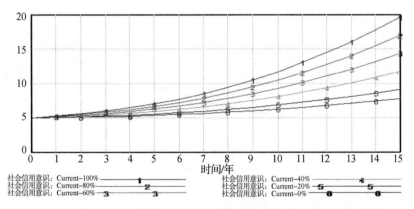

图 8-12　宏观经济发展变量变化所产生的社会信用意识变量变化幅度趋势图

资料来源:笔者自绘。

最后,我们对宗教意识形态变量变化对社会信用意识变量所产生的敏感性问题进行讨论。图8-13和图8-14描绘了两个变量变化的趋势图,横坐标都是时间序列,而纵坐标则分别为宗教意识信用变量以及随之变化的社会信用意识变量。图形显示随着社会宗教意识场所数量的增多,社会信用意识被认可的程度也逐步提高,由此可见宗教意识信仰的教化贡献不可被简单地抹杀,这也进一步佐证了党的宗教信仰自由政策是完全符合国情的,也是基于社会发展所做出的战略部署,所有这些都体现出党中央决策的高屋建瓴。

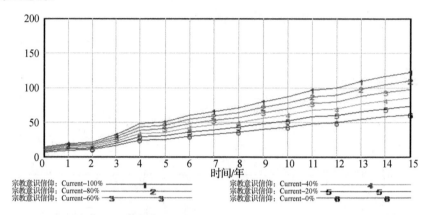

图 8-13 宗教意识信仰变量变化幅度 0%、20%、40%、60%、80%、100%趋势图

资料来源:笔者自绘。

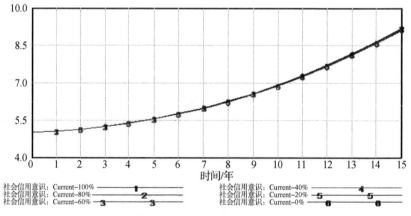

图 8-14 宗教意识信仰变量变化所产生的社会信用意识变量变化幅度趋势图

资料来源:笔者自绘。

从图中很容易看出,尽管宗教信仰对社会信用意识存在一定的影响,但是所引起的变量的变化幅度却不如前面三个变量所引起的变化幅度大,这就说明了我国经济发展与依法治国的总体战略是符合我国国情的,任何鼓吹宗教万能的观点都是极其错误的,极端鼓吹宗教就是想把整个社会引入歧途,不仅不利于社会的和谐稳定,反而会把社会拖到邪恶的边缘。图8-13与图8-14中的文字分别为宗教意识信仰与社会信用意识。

四、模型有效性测试

前面我们讨论了模型构建检测以及运用,并且运用模型揭示了不同变量的作用效应以及内在的含义,那么接下来的问题便是检验模型究竟是否有效。为了说明这个问题,现在我们运用比较分析的方法对此进行检验,这里准备运用此模型所预测的社会信用意识数据与《小康》杂志社所发布的年度小康社会信用指数(2000—2007年)进行比较分析,具体年度测试数据如表8-1所示:

表8-1 实际数据与模型运行数据比较测试

测试项目	2000	2001	2002	2003	2004	2005	2006	2007
社会信用意识	5	5.056	5.140	5.248	5.385	5.561	5.763	5.999
社会信用指数	5.1	5.15	5.15	5.3	5.4	5.6	5.8	6
测试项目	2008	2009	2010	2011	2012	2013	2014	2015
社会信用意识	6.265	6.569	6.916	7.306	7.724	8.171	8.662	9.189
社会信用指数	6.25	6.7	7	7.35	7.8	8	8.65	8.9
Mean Difference Test				Mean Difference=-0.0123			$Sig.()=0.649$	

资料来源:笔者自制。

从表8-1可以看出,两组数据均值差为-0.0123,两组差检验$Sig.()=0.649$,这说明两者之间的差不存在显著的差异。图8-15更是形象地描绘了两者之间的差异是在误差范围之内的,图中文字分别为社会信用意识与社会信用指数。

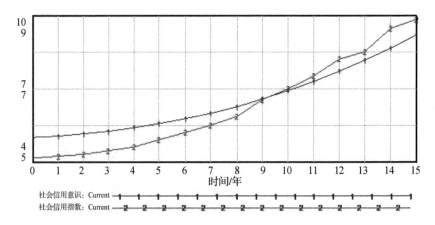

图 8-15　实际数据与模型运行数据比较测试示意图

资料来源：笔者自绘。

第三节 社会信用缺失治理对策

前面几个部分对我国社会信用缺失问题进行了系统的讨论,在运用相关理论对社会信用缺失问题所涉及的影响因素进行逻辑因果关系分析基础上,通过因果关系回路分析与系统动力学模型构建,并且运用2000—2016年共17年的我国社会经济发展数据进行了模型检验,可以得出如下结论:

第一,社会信用缺失问题是牵一发而动全身的系统性社会问题,不仅仅涉及宏微观经济发展水平以及个人收入分配等经济基础变量,而且涉及公检法司等执法机构以及政府行政机构政策的执行,还涉及社会信用教育、宗教信仰等意识形态领域因素,因此社会信用缺失问题的治理必须循着综合多部门治理的思路进行。

第二,在所有社会信用缺失问题治理对策中,首先要提到的变量应该是公检法司等强力机构的执法变量,只有用强有力的手腕才能够对整个社会信用缺失行为产生强力震慑效应,否则任何信用缺失问题治理都不能产生立竿见影的效果。

第三,社会信用缺失问题的治理不能仅仅依赖于思想意识形态的教育,更应该着手于社会宏微观经济发展水平以及社会个体经济收入的提高,如此才能够为社会提供社会信用缺失治理的坚实经济基础,否则任何信用缺失治理都是"水中月、镜中花",难以达到理想的效果。

第四,由于社会信用意识的培养可以从多渠道入手进行,而一定的宗教信仰对社会信用缺失问题的治理存在难以估量的效果,因此不应该一概抹杀宗教信仰的积极效果,应该在一定可控条件下开放宗教活动,从而使得宗教信仰能够为社会服务。

第五,尽管运用系统动力学理论与方法对社会信用缺失问题治理进行了系统的讨论,但是由于现实研究条件的种种限制,本书研究不可避免地存在一些问题。例如,基于社会信用缺失问题治理的系统动力循环的构建、不同变量之间的关系构建、实证数据的搜索等问题,这些都是进一步研究需要解决的问题。相信对这些问题的继续探讨有助于深化研究,有助于更加深入地获取研究结论,也有助于更加深刻地提出有针对性的信用缺失问题治理对策。

第九章
我国社会信用缺失问题治理路径分析

第九章 我国社会信用缺失问题治理路径分析

第一节 体制先行与司法护航

在以上分析中，我们讨论了我国社会信用缺失问题的驱动逻辑，研究认为体制因素在我国社会信用缺失治理中存在难以企及的影响力，提出从体制入手进行社会信用缺失治理，然后通过体制内机构与人员的社会信用示范效应影响整个社会。

由于我国体制性概念基本上是指存在国家行政级别的机构与个人，不仅仅包括政府各级公务员系统机构与人员，而且包括纳入国家公务员系统管理的参公管理机构等等，以及体现中国特色政党参政议政特色的政党系统，这里既包括中共各级党务系统及其人员，也包括参政议政的八个民主党派以及各级人民团体与群众组织等等。上述这些机构本身的社会信用行为以及供职于这些机构的人员本身的社会信用行为，直接关系到党和国家的形象，理当身体力行树立榜样效应。除此之外，由于我国实行的是中国特色的社会主义，公有制是我国经济基础的最基本的特征，掌握全国大多数经济资源的国有企业占据着公有制的主体地位，更由于这些国有机构本身具备的行政级别和资源掌控能力，所以它们本身具备半企业半行政机构属性。而就职于这些机构的人员也具备对应于政府公务员系统的行政级别，因此这些名为企业的国有企业实际上兼有行政职能权限，企业在实践中给社会展示的也就不仅仅是企业经营行为，还包括政府公职人员行为。

那么，我们提出的社会信用缺失治理行为中的体制先行具体含义是什么呢？首先，体制先行不仅仅意味着体制内机构与人员的社会信用先行，因为机构本身的体制属性具备强大的示范效应，直接决定了体制机构在社会信用缺失治理中的重要性。这里的体制程度的度量实际上就是根据离政府权力机构的距离进行测度的，于是基于中国特色社会主义建设的内涵与现实，我们可以列示出图9-1所示的体制内机构距离权力中心结构图。图9-1显示政府部门、党委部门以及国家军事力量离权力中心最近，本质上这些部门就是国家的权力中心,因此在构建信用社会的时候首先应该做到权力中枢的社会信用,如果这些中枢部门不能够做到遵守社会信用,自然就难以保证依附于这些中枢部门的机构遵守社会信用。其次,中国特色社会主义建设的重要特色就是没有两党制,所有的民主党派与人民团体依法参政议政,作为保卫国家建设与经济安全的强力执行机构参与国家各项政策的制定与执行,应该予以这些机构对整个社会信用行为的示范效应足够的重视。再次,由于我国社会主义建设的基础是公有制,直接关系到国民经济命脉的战略性产业属于国家管控产业,自然应该受到国家各级权力机构的扶持与指导,它们的经营行为被社会当作代表国家的经营行为,尽管国有企业本身作为完全独立的市场主体,有着自身的经营诉求与利益价值倾向,但是社会公众却依然认为企业经营行为是国家形象的一面镜子,而参公事业机构与非强力业务部门都属于国家政府的派出机构,所以这些机构与政府的距离比普通国有企业近,而大批竞争性国有企业则属于体制内机构中离权力中心最远的机构。

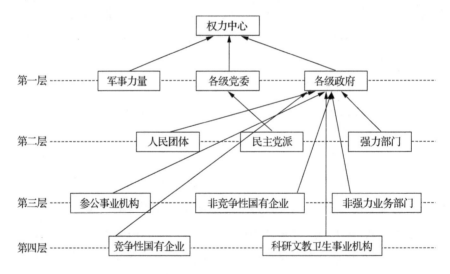

图 9-1 体制内机构与权力中心距离示意图

资料来源:笔者自绘。

根据上述分析可知,在规范体制内机构社会信用行为的时候,应该首先规范权力机构部门的社会信用行为,其次是规范各级具备体制资源调动能力的部门,以及非竞争性国有企业的社会信用行为,只有如此才能够对整个社会信用缺失行为产生示范效应与震慑效应。换句话说,在进行社会信用缺失治理的时候,首先要治理掌控国家权力部门的信用缺失行为,然后治理掌控国家资源部门的信用缺失行为,最后通过对体制机构信用缺失行为的治理来影响体制外机构的社会信用缺失治理。由此可见,要能够真正达到体制机构和人员的社会信用构建,就必须构建强大的司法执行力以回应任何破坏社会信用的行为,让司法机构为社会信用运行保驾护航,提供强大的法律保障。

第二节 齐抓共管与信息分享

根据以上几章的研究结果可知,虽然社会信用缺失现象是一定经济基础与上层建筑的产物,社会文化、宗教信仰、政治制度、司法制度、经济发展与收入差距等因素都对社会信用缺失问题产生影响,但是无论多么虔诚的社会信用伦理、无论多么优秀的文化、无论多么飞速发展的经济水平以及多么公平的社会分配关系等,都不可能使社会成员全部感到满意,而偶然发生的社会信用缺失现象如果得不到制止,势必蔓延成为必然性事件,那么究竟如何制止这些社会信用缺失现象呢?

在前面分析的章节中研究了社会信用缺失现象的驱动因素,无论是运用计量经济模型或者结构方程模型进行实证检验,还是运用博弈理论与方法构建战略博弈分析模型,研究都认为社会强力机构执法力度可以对社会信用缺失现象产生震慑效应。反之,如果社会信用缺失现象没有得到强有力的制止,那么社会信用缺失现象所带来的利得势必对整个社会产生逆向示范效应,社会信用缺失行为将异化为社会"正常"现象而社会信用行为反而成为社会"另类"。由此可见,构建信用社会的基石只能够是社会信用的司法系统,正如习近平主席在党的十九大上再次提出的那样,"努力让人民群众在每一个司法案件中感受到公平正义",从而使得"信用缺失可耻、社会信用光荣"的新风尚在全社会蔚然成风。如此长久下去就使得全社会晓得信用缺失行为会付出巨大代价,自然就形成对于信用缺失惩罚的畏惧感。

在这里我们不得不分析一下欧美社会在构建信用社会过程中所做的努力,很多在国外生活过的人都晓得欧美社会信用缺失给生活带来麻烦的严重性,无论是携带外币金额的汇报、赴外目的的陈述、个人信用、家庭收入以及婚姻状况等,都必须在相关问询机构进行诚实陈述,任何不诚实的行为都将对其终生产生影响,不仅仅影响到升学、就业、晋职等,甚至还影响到将来事业发达之后的从政行为。总之,欧美社会的信用缺失行为是会受到严厉惩罚的,这种惩罚不仅仅来自司法机关,还会来自社会道德层面。一些司法机关无法惩罚的轻微信用缺失行为,如果不断地积累,就会为社会所不容,长久下去将受到全社会的封杀,到那时,行为主体所付出的代价会远远超过来自司法机关的惩罚。当然,如果一个人根本就不想有任何个人职业生涯的发展,那么社会信用缺失的惩罚对其就没有震慑效应了。虽然我国的国情不同于欧美地区,但是欧美地区治理信用缺失行为的方法却对我国信用缺失治理具有特别重大的实践意义。欧美全社会对于信用缺失行为的零容忍态度使得任何信用缺失行为难以容身,信用缺失信息的全社会共享更是令信用缺失主体处处遭遇抵制,如此下去自然使得信用缺失主体难以立足。我国目前实行的信用缺失主体的高铁限制、银行支付限制、宾馆订购限制以及子女升学限制等都已经对信用缺失主体产生了震慑作用,但是由于我国各处执法机构存在不同程度的"选择性"执法问题,加上社会并没有完全形成歧视冷漠对待信用缺失行为的氛围,相反还存在"欠债的是大爷,要钱的是孙子"这一不健康的反常现象,这使得我国群防群治社会信用缺失的路途异常坎坷。因此,我国应该继续发挥社会制度固有的集中力量办大事的优势,在形成社会共识基础上遏制社会信用缺失行为的产生与蔓延,构建和谐可持续发展的信用社会。

那么究竟如何进行群防群治呢?群防群治就意味着信用缺失信息的完全对称,并且所涉及的方方面面都有监督信用缺失现象的意识与责任,任何一个环节的不慎都可能导致社会群防群治态势与链条的崩溃。这里信用缺失信息对称在如今大数据时代基本上已经得以实现,关键在于对群防群治意识的梳理与夯实,这需要在得到全社会共识基础上来推动,从而能够极大地发挥我国集中力量办大事的传统优势,最大限度地让信用缺失者如过街老鼠人人喊打。

第三节　道法并举与克己复礼

在体制机构率先践行社会信用与司法强力保障的基础上，上述相关章节研究还表明应该逐步在社会中树立社会信用意识形态，把我国传统文化中的先进因子以及现有先进的社会主义价值基因植入社会信用文化中去，从而在全社会中形成社会信用意识形态与道德理念，使社会信用成为全社会的自觉行为与价值导向。与此同时，使信用缺失行为受到来自内心的拷问，这样才能够使信用缺失行为无所不在地受到监督。只有发自内心的道德良心拷问才能够形成强有力的内心监督，而不是仅仅依赖于强力机构的监督。毕竟强力机构监督属于事后监督，并且难以做到面面俱到，难免存在疏漏之处。这种社会信用监督不完全等同于任何强力机构监督，这种监督是"内化于心、外化于行"的有机结合，对任何信用缺失行为都在事前、事中与事后发生作用。其实这一思维方式完全符合辩证唯物主义，即物质决定意识，同时意识对物质存在反作用，并且在一定条件下意识对物质的反作用是巨大的。也正因为如此，社会信用意识形态对人们的信用缺失行为存在巨大的监督作用。

然而，正如我们在前面章节中分析的那样，仅仅道德层面的监督是难以持续的，古今中外的社会信用缺失监督经验早已说明了这一事实，只有配合以严格的司法监督才能够产生相得益彰的效果，即只有社会信用之道与严厉之法有机地结合起来才能够可持续地维护社会信用，道法结合才是我国社会信用建设必走的路径。一味地以法律制裁或者一味地以道德约束都不可能完成构建社会信用的任务，前者容易导致社会缺乏弹性，而后者则容易导致社会道德绑架或道德乏力。集先秦儒学思想于一体的《论语》，一再声称社会治理的关键在于全体人民的"克己复礼"，这里的"礼"指的就是人际交往过程中的道德要求，由此就可以达到全社会的和谐稳定，并且实践证明"半部《论语》治天下"的美誉不谬，也说明以礼治国、以德治国是经得起实践检验的。几千年来中国以理服人的道德规范要求一直存在于人们心中,中国上下五千年所取得的光辉灿烂的文化成果、科技成果都雄辩地证明了这一点。事实一再证明儒教并不是现代文明社会的绊脚石,更不是"唯法治国"论者一再声称的道德绑架。

但是,本书并不是拒绝依法治国,正如前面相关章节所指出的那样,强有力的法治力量是社会信用缺失治理的保障,只是法治本身的事后性以及事无巨细的规定性,使得德法并举才是社会信用缺失治理相辅相成的最佳组合。因此需要全社会通过各种舆论手段宣扬德法并举治理理念,使得这一理念深入人心才能产生最佳效果。

此外,社会信用的建设是全过程的建设,不可以将其简单地等同于一项任务来完成,它贯彻整个社会的每个环节,所以社会信用主体需要每时每刻都反思自己的行为,最终达到全社会信用缺失现象几乎不存在的状态。

参考文献

JENTZSCH N,RIENTRA A S J. 2003. Information Sharing and Its Implications for Consumer Credit Markets: United States vs. Europe[C]. Florence,Italy: Workshop "the Economics of Consumer Credit: European Experience and Lessons from the U. S. ":179-184.

GOODWIN J, JASPER J, POLLETTA F. 2000. The return of the repressed: the fall and rise of emotions in social movement theory[J]. Mobilization:an International Quarterly, 5(1):65-83.

FORRESTER J. 1958. Industrial dynamics : a major breakthrough for decision makers[J]. Harvard Business Review,36(4):37-66.

才国伟,吴华强,2016. 进取、公平与社会信任[J]. 经济管理,38(1):62-72.

曹静晖,黄嘉文,吕行,2017. 社会公平与政治信任:基于"中国城乡民主与治理调查"的实证研究[J]. 理论探讨(3):152-158.

陈运平,黄小勇,2012. 社会资本对经济增长的理论与实证研究:基于江西与广东的比较分析[J]. 经济管理,34(11):160-169.

褚潇白,2008. 儒家与基督教伦理中的"诚信"与人格[J]. 中国宗教(8):60-62.

杜晓燕,2016. 惩罚机制对阻断腐败循环的演化博弈分析[J]. 北京社会科学(9):82-90.

方世南,2017. 深刻把握以人民为中心思想的价值论意蕴[J]. 学习论坛,33(6):40-44.

冯辉,2016. 紧张与调和:作为经济法基本原则的社会利益最大化和实质公平:基于相关法律文本和问题的分析[J]. 政治与法律(12):22-32.

付子堂,类延村,2013. 诚信的自由诠释与法治规训[J]. 法学杂志,34(1):1-12.

耿云江,王海雯,2017. 在职消费粘性与媒体监督:基于产权视角的实证检验[J]. 财经问题研究(3):42-48.

顾学宁,2005.南京经济发展的文化动因及其成长战略的抉择:兼论南京地域文化与民营经济的协调发展[J].南京社会科学(S1):421-430.

郭志清,2017.博弈论视角下的电商诚信机制构建[J].商业经济(11):69-70.

郭忠,2012.法律秩序和道德秩序的相互转化:道德的法律化和法律的道德化问题研究[M].北京:中国政法大学出版社.

洪宇翔,2017.风险视角下网络空间社会情绪的形成和干预[J].浙江学刊(4):135-139.

胡小勇,郭永玉,李静,等,2016.社会公平感对不同阶层目标达成的影响及其过程[J].心理学报,48(3):271-289.

金太军,许开轶,2003.国家公务员回避制度实施的制约因素及对策[J].理论探讨(3):69-72.

金祥义,张文菲,2017.博弈论视角下网上约车诚信问题的研究[J].安徽行政学院学报,8(4):98-103.

景枫,2005.社会诚信研究[M].北京:中国社会科学出版社.

勒庞,2004.乌合之众:大众心理研究[M].冯克利,译.北京:中央编译出版社.

李牧,2017.法律惩罚结构中的冷热机制及其运用[J].江海学刊(2):139-144.

李培林,2016.导语:社会调查与社会公平研究[J].山东大学学报(哲学社会科学版)(6):1-2.

李善民,2015.信用体系与农户融资约束关系分析:基于演化博弈分析和经验论证[J].征信,33(10):45-50.

李松,2011.中国社会诚信危机调查[M].北京:中国商业出版社.

李涛,黄纯纯,何兴强,等,2008.什么影响了居民的社会信任水平?:来自广东省的经验证据[J].经济研究,43(1):137-152.

李晏墅,2002.诚信经营:企业经营的信条[J].经济管理,24(5):17-18.

林伟斌,2006.基于良好金融生态的社会信用体系建设[J].经济问题(7):63-64.

刘建洲,2011.社会信用体系建设:内涵、模式与路径选择[J].中共中央党校学报,15(3):50-53.

龙静云,熊富标,2011.论作为社会资本的诚信与企业诚信治理[J].江汉论坛(1):57-62.

屈淑萍,2007.和谐社会建设中公平效率关系研究[J].工会论坛(山东省工会管理干部学院学报),13(2):34-35.

邵志清,朱国萍,施超,等,2014.加强社会信用体系建设[J].上海人大月刊(11):34-27.

宋立,王蕴,2013.关于社会信用体系建设的思考与建议[J].宏观经济管理(2):24-25.

宋连斌,杨玲,2009.我国仲裁机构民间化的制度困境:以我国民间组织立法为背景的考察[J].法学评论,27(3):49-57.

苏盾,2004.我国企业诚信缺失探源及其重构[J].兰州学刊(2):77-79.

孙巧丽,2005.构建诚信政府的有效途径探析[J].中国行政管理(6):31-32.

田坤,2019.坚决防范腐败和作风问题反弹回潮风险[J].中国纪检监察(12):14-15.

王青斌,2012.社会诚信危机的治理:行政法视角的分析[J].中国法学(5):46-54.

王淑芹,2015.社会诚信建设的现代转型:由传统德性诚信到现代制度诚信[J].哲学动态(12):77-82.

王伟国,2012.诚信体系建设法治保障的探索与构想[J].中国法学(5):24-37.

王艳,2014."诚信创新价值观"文化差异度与并购绩效:基于2008—2010年沪深上市公司股权并购事件的经验数据[J].会计研究(9):74-80.

王志远,2012.博弈结构重建与社会信用的形成[J].征信,30(4):7-11.

夏玉珍,李永娜,2010.结果风险:社会领域腐败客观状况和主观认知的断裂[J].理论探讨(2):118-122.

鲜于丹,2008.中国征信体系建设的制度安排研究[D].武汉:武汉理工大学.

徐爱萍,柴光文,2006.经济诚信约束机制的动态博弈分析[J].武汉理工大学学报(社会科学版),19(6):828-831.

徐国栋,2012.诚信原则理论之反思[J].清华法学,6(4):5-11.

徐国栋,2001.客观诚信与主观诚信的对立统一问题[J].中国社会科学,6:97-113.

徐国栋,2004.中世纪法学家对诚信问题的研究[J].法学(6):3-10.

徐国栋,2013.主观诚信与客观诚信的分合与更名问题比较法考察:兼论中国的诚信立法向何处去[J].社会科学(1):111-124.

徐晟,2007.诚信与区域经济发展的实证研究:基于社会资本的考虑[J].财贸经济(S1):123-127.

许德风,2016.论合同违法无效后的获益返还:兼议背信行为的法律规制[J].清华法学,10(2):74-93.

阎亚军,2012.我国新型农村信用体系构建研究[D].青岛:中国海洋大学.

杨家宁,2011.网络舆情的反思与应对[J].中州学刊(1):251-255.

杨解君,2005.契约文化的变迁及其启示(下):契约理念在公法中的确立[J].法学评论,23(1):28-33.

杨秋菊,2015.国外政府诚信研究:现状与启示[J].上海行政学院学报,16(4):95-104.

叶凡,方卉,于东,等,2017.审计师规模与审计质量:声誉视角[J].会计研究(3):75-81.

于建嵘,2009.社会泄愤事件中群体心理研究:对"瓮安事件"发生机制的一种解释[J].北京行政学院学报(1):1-5.

俞静,徐斌,2010.低价定向增发之谜:一级市场抑价抑或二级市场溢价?:来自中国证券市场的证据[J].证券市场导报(6):34-39.

袁少锋,刘力钢,2016.大数据情境下企业伪善的治理机制:消费者惩罚视角[J].兰州学刊(9):188-197.

曾令华,彭益,2010.中介模式下信用信息征集博弈分析[J].财经理论与实践,31(1):13-17.

曾小平,2011.美国社会信用体系研究[D].长春:吉林大学.

张芙华,2004.诚信:建构现代市场经济的伦理基石[J].求索(1):147-149.

张兴龙,熊熊,张学锋,2015.基于多阶段博弈模型的二手房市场逆向选择研究[J].河南科学,33(2):286-290.

赵荣,赵静,2017.德国社会诚信体系构建的宏观要素分析[J].德国研究,32(1):86-101.

赵毅,张明富,1998.传统文化与明清商人的经营之道[J].东北师大学报(哲学社会科学版)(1):27-32.

郑书前,2002.试论建立我国诚信体系的相关法律问题[J].河南大学学报(社会科学版),42(6):107-109.

郑引,2007.公平效率并重,更加重视公平:也谈我国和谐社会建设中的公平与效率问题[J].福建论坛(人文社会科学版)(S1):15-16.

周利敏,胡项连,2014.无察觉危机、社会情绪共振及风险管理策略的选择[J].中国地质大学学报(社会科学版),14(4):108-115.

后记

后 记

本书运用定性分析和定量分析方法对社会信用缺失问题进行了讨论，主要涉及社会信用缺失问题的体制因素分析、社会信用缺失问题的逻辑驱动关系分析、社会信用缺失问题的博弈关系分析以及社会信用缺失问题的系统动力学模型分析等，最后在已有研究分析基础上提出了社会信用缺失问题的治理对策。本书相比于已有研究文献来说存在如下特点：

第一，本书认为社会信用缺失问题不仅仅是客观现象，更应该是一种主观心理认知问题，因此在研究中我们首先运用调查研究方法，对我国社会信用缺失问题的体制因素进行调查分析，从而准确把握住我国社会信用缺失问题的体制因素，这一研究视角相比已有研究来说突破了原有分析框架，从而把我国信用缺失的体制因素摆上了决策层面，为我国制定更加有针对性的策略提供事实数据支持。

第二，本书认为社会信用缺失问题是一定经济基础与上层建筑双重驱动下的产物，因此只有把社会信用缺失问题置于整个社会建设视野中进行分析，才能够深刻地揭示蕴含在社会大背景中的信用缺失影响因素，为正确认知我国社会信用缺失问题内在特征奠定认知基础。

第三，本书认为社会信用缺失问题中的重要影响因素是收入分配差距，并且认为只有恰当地配置效率与公平的关系才能够为和谐社会的构建奠定物质基础，进一步明确提出即使牺牲部分发展效率来缩小收入差距也是值得的，这一观念并不是反对经济发展，而是强调必须均衡发展与分配之间的关系。

第四，本书认为社会信用缺失问题是不同利益主体之间的博弈，通过分析不对称信息环境下利益主体之间的博弈关系，又通过数值仿真分析来说明不同利益主体的决策变化趋势，以及不同信息环境的影响，从而揭示博弈过程中蕴藏的内在逻辑规律。

第五，本书认为社会信用缺失问题不仅仅是不同利益主体之间的博弈问题，并且是一个涉及方方面面的巨型动力系统问题，因此运用系统动力学模型对社会信用缺失系统进行分解与综合，从而对不同子系统内在的逻辑驱动关系进行分析，以便于更进一步地提出有针对性的治理对策。

当然，本书分析的影响因素以及所构建的模型还存在种种不如意的地方，调查分析还需要进一步地深化，以使得对社会信用缺失问题的分析更加深刻，才更能提出有针对性的社会信用缺失治理对策，为构建和谐社会走出一条适合中国国情的社会信用建设之路。

我国构建社会信用之路肯定还很漫长，因此有必要呼唤更多的人关心社会信用缺失问题，更准确地把握社会信用缺失问题的关键因素，从而为社会信用建设提出更具针对性的对策。

"路漫漫其修远兮，吾将上下而求索！"我们希望本书研究不仅仅有利于相关有识之士更准确地认识社会信用缺失问题，而且能帮助全社会提升社会信用意识，从而为构建可持续发展的和谐信用社会做出贡献。当然，本书的研究限于各种各样的原因，例如研究数据的取得受到客观环境的限制、专家判断局限于主观能力的限制、模型构建局限于经验研究的不足等等，研究的问题难以全部得到准确的揭示，也就是说本书结论存在很多需要改进的地方，但这些都将是我们进一步研究的方向。